Pädagogik als Praxis der Vernunft

Schriftenreihe zur Politik und Geschichte

Herausgegeben von
Eric Voegelin†, Jürgen Gebhardt, Manfred Henningsen,
Peter J. Opitz, Peter Weber-Schäfer

Band 15

Verlag Peter Lang
Frankfurt am Main · Bern · New York

Martina Simmler

Pädagogik
als Praxis der Vernunft

Über die sokratische Methode,
das Lernen zu lehren

Verlag Peter Lang
Frankfurt am Main · Bern · New York

CIP-Kurztitelaufnahme der Deutschen Bibliothek

Simmler, Martina:

Pädagogik als Praxis der Vernunft : über d. sokrat.
Methode, d. Lernen zu lehren / Martina Simmler. —
Frankfurt am Main ; Bern ; New York : Lang, 1985.
  (Schriftenreihe zur Politik und Geschichte ;
  Bd. 15)
  ISBN 3-8204-9030-2
NE: GT

ISSN 0172-1283
ISBN 3-8204-9030-2

© Verlag Peter Lang GmbH, Frankfurt am Main 1985
Druck und Bindung: Weihert-Druck GmbH, Darmstadt

GLIEDERUNG

D A N K S A G U N G

Diese Arbeit ist 1982 als Staatsexamensarbeit an der Pädagogischen Fakultät der Rheinisch-Westfälischen Technischen Hochschule Aachen im Seminar für Politikwissenschaft unter Anleitung von Frau Prof. Dr. phil. habil. Hedda Herwig geschrieben worden. Für ihre Hilfe und Unterstützung möchte ich mich besonders bedanken. Ebenso dafür, daß sie mir durch ihre Publikation über "Formen des Emanzipationsbegriffs" die Basis verschaffte, "emanzipatorische" Ansätze in Pädagogik und Philosophie analysieren und interpretieren zu können.

Gleichzeitig verdanke ich dem von Frau Prof. Herwig geleiteten wissenschaftlichen Forschungskolloquium, in dem u.a. auch versucht wurde, einen eigenständigen philosophisch-politischen Zugang zu den platonischen Schriften zu gewinnen, die Voraussetzung, ein solches Thema überhaupt bearbeiten zu können. Daher möchte ich mich auch bei den damaligen Teilnehmern Wiebke Carl, Ragnhyld Schaaf, Monika Schellkes und Herbert Wolgarten für ihre Anregungen bedanken.

Herbert Wolgarten danke ich darüber hinaus für seine freundliche Hilfe beim Korrekturlesen, sowie Silvia Birringer für ihre Übertragung meiner Arbeit in ein reprofähiges Manuskript.

Herrn Prof. Dr. Jürgen Gebhardt bin ich für seine Empfehlung zum Druck dieser Arbeit und ihre Aufnahme in die "Schriftenreihe zur Politik und Geschichte" zu Dank verpflichtet.

Meinem Vater danke ich für die finanzielle Untersützung, die den Druck dieser Arbeit erst ermöglichte.

Aachen, im Juli 1985

Martina Simmler

"Sie (die Dialektik, d. Verf.) ist die Disziplin der Disziplinen, sie lehrt lernen, sie lehrt
lehren; in ihr tritt die Vernunft selbst hervor
und eröffnet, was sie sei, was sie wolle und
vermöge; sie weiß zu wissen, sie allein will
Wissende herstellen und kann es auch."

(Augustinus, De ordine, 2,13)

EINLEITUNG

Auf die in den sechziger Jahren entstandenen und ausgetragenen Kontroversen um die deutsche Universität haben sich ministerielle Überlegungen zu einer Bildungsreform angeschlossen, deren Ergebnisse das heutige Klima in Schule und Hochschule in entscheidender Weise bestimmen. Die damalige Kritik an der Hochschule wurde von dem Ruf nach mehr "Bildungschancen" und nach mehr "Transparenz" und gesellschaftlicher Relevanz der Wissensvermittlung getragen. Von ministerieller Seite wurde der ersten Forderung nachgegeben, indem der Zugang zu höheren Schulen und Hochschulen finanziell erleichtert wurde, sowie das wissenschaftliche Personal sprunghaft vermehrt wurde, was zu einem zahlenmäßigen Anstieg der Abiturienten und Hochschulabsolventen geführt hat. Der Forderung nach mehr "Transparenz" der Wissensvermittlung suchte man – und sucht man immer noch – durch Reformierung der Studiengänge und Fachbereiche durch zielgesteuerte bzw. "lernzielorientierte" [1]Curricula Rechnung zu tragen. Insgesamt beziehen sich die in den Richtlinien genannten Ziele – hier für den Politikunterricht – auf normativ verwandte Begriffe wie "Selbstbestimmung", "Emanzipation", "geistige Sebständigkeit" und "Bewußtheit". Dazu einige Beispiele aus den 1972 herausgegebenen und 1974 überarbeiteten "Richtlinien für den Politikunterricht": "Deshalb gehört es zur Emanzipation als Ziel politischen Lernens, daß die jungen Menschen in die Lage versetzt werden, die Werte und Institutionen ihrer Gesellschaft zu verstehen und die Bereitschaft zu entwickeln, sie frei und selbstverantwortlich anzuerkennen, sich für sie einzusetzen oder Veränderungen anzustreben .... Emanzipation ist Richtwert für die Beurteilung von Qualifikationen und Lernzielen und ist Instrument ihrer Auswahl"[2].
An anderer Stelle heißt es: "Der Politik-Unterricht soll zu geistiger Selbständigkeit führen und muß Hilfen geben zum Erarbeiten des eigenen Standpunkts. ... Durch Politisches Lernen in der vorher beschriebenen Weise sollen junge Menschen zu bewußten Bürgern der Bundesrepublik Deutschland erzogen werden"[3]. Insgesamt zielen die Richtlinien auf die Verbesserung des "kritischen Vermögens", wie folgendes Zitat verdeutlicht: "So ist für den Politik-Unterricht der Sekundarstufe aus den Freiheitsrechten des Grundgesetzes ein kritisch-emanzipatorisches Verhalten als leitendes Prinzip abgeleitet und besonders betont worden. Auch in anderen Fächern und Lernbereichen ist in unterschiedlicher Gewichtung für die Jahrgänge diese Zielsetzung von Erziehung und Unterricht aufzunehmen und zu ergänzen"[4]. Unbestreitbar stellt das Ziel der Erziehung zum emanzipierten oder "mündigen Bürger", "der seine Freiheitschance wahrnehmen, Steuerungsprozesse durchschauen und Steuerungsmittel handhaben kann"[5], die grundlegende Zielnorm dar. Es stellt sich jedoch die Frage, ob diese Ziele bisher wenigstens näherungsweise erreicht worden sind. Heute, nach ca. 15 Jahren Bildungsreform, wird von mancher Seite die Entwicklung beklagt, die durch die Reform eingeleitet worden ist. So kommt z.B. H. Herwig zu der Ansicht, daß die Erhöhung des wissenschaftlichen Personals "selbstverständlich keine Erhöhung der wissenschaftlichen Qualität"[6] herbeigeführt hat und daß darüber hinaus dieses Personal durch die Selbstverwaltung gezwungen ist, "statt durch Forschung und

Lehre das Niveau zu heben, ständig in allen möglichen Kommissionen herumzusitzen, in denen per Abstimmungspolitik die Fragen geklärt werden müssen, wie, wann und warum wer was lernen soll"[7].

Die Unzufriedenheit der Studenten mit dem, was ihnen von der Universität angeboten wird, führt P. Weber-Schäfer u.a. auf die reformierte Oberstufe zurück: "In der guten Absicht, ihre Absolventen auf das wissenschaftliche Arbeiten an der Universität vorzubereiten, ist an die Stelle der Vermittlung von Tatsachenwissen und elementaren Arbeitsmethoden der Versuch getreten, die zukünftigen Studenten zur Entwicklung einer "wissenschaftlichen Fragehaltung" anzuregen. Dagegen wäre gewiß nichts einzuwenden, wenn nicht die Tatsache bestehen bliebe, daß man nichts problematisieren kann, das man nicht kennt, und keine etablierten Lehrmeinungen "kritisch hinterfragen" kann, bevor man sie verstanden hat"[8]. Diese aus der Bildungsreform resultierenden Folgen führt H. Herwig auf das "unabänderliche Dilemma jeder Wissensvermittlung"[9] zurück, die Legitimationsproblematik. Sie sagt: "Das Bemerkenswerte an der geschilderten Situation ist offenbar, daß sie genau das nicht bietet, weswegen sie herbeigeführt worden ist, nämlich ein Mehr an Effizienz und Transparenz der Wissensvermittlung, vor allem im Hinblick auf ihren gesellschaftlichen Sinn. Damit komme ich zum zweiten Teil meines Vortrags und behaupte, daß dieses Resultat gar nicht so unbegreiflich ist, wie es zunächst scheinen mag, denn die Kontroverse der sechziger Jahre hat einen - wie ich das nennen möchte - "Legitimationsdruck" verstärkt, dem die offiziellen Institutionen, in denen Wissen verbreitet wird, ohnehin schon länger, und zwar nicht nur in Deutschland, unterliegen. Dies aber hat, aufgrund der gleichzeitigen Mißachtung des Grunddilemmas aller "Bildung", fast notwendig die zitierten Folgen nach sich gezogen"[10]. Das Grunddilemma wird von H. Herwig anhand des platonischen Dialogs "Protagoras" dargestellt, in dem Sokrates die Frage nach der "rationalen Legitimationsfähigkeit" des Lehrers vor dem Schüler aufwirft. Die Problematik dieser Legitimationsfähigkeit liegt nach H. Herwig darin begründet, daß die Frage nach dem Sinn des zu Lernenden zwar durchaus berechtigt ist, der Lernende allerdings nicht in der Lage ist -wie auch schon von Weber-Schäfer erläutert - den Sinn rational zu beurteilen, weil er noch zu wenig weiß. Auf seiten des Lehrers liegt das Problem darin, daß es ihm unter dieser Bedingung nicht möglich ist, den Sinn des zu Lernenden auf der Höhe seiner eigenen Erkenntnis zu legitimieren[11].

Diese Grundsituation allen Lehrens und Lernens bringt aber "für den Lehrenden die große Versuchung mit sich, die Wichtigkeit oder den Sinn seines Wissens anders als auf rationale Weise zu begründen"[12].

Implizit drückt H. Herwig damit genau dasselbe aus, was auch Weber-Schäfer für das Scheitern der Bildungsreform verantwortlich macht. Er schreibt: "Die einst so hoffnungsfroh begonnene Reform der Universitäten ist in der Bundesrepublik auf ein Abstellgleis geraten, und die Weichen für diese Entwicklung wurden früh gestellt. Das Scheitern ist nicht auf irgendwelche Fehler im Verlauf der Reform zurückzuführen, sondern auf die viel zu wenig beachtete Tatsache, daß es unter den einzelnen Trägergruppen der Reform niemals einen Konsens über die angestrebten Ziele gegeben hat. Als seinerzeit die "Bildungskatastrophe" ausgerufen wurde - wohl ohne irgendeine Ahnung davon, daß sich diese Proklamation bald zum Musterbeispiel einer selbsterfüllenden Prophezeiung

entwickeln sollte -, traten höchst unterschiedliche Gruppen vereint zum Sturm gegen die Bastion der "Ordinarienuniversität" an. ...Einigkeit bestand darüber, daß die Universität ihrem Bildungsauftrag nicht nachkomme, in ihrer vorliegenden Struktur auch nicht nachkommen könne, und daß sie deshalb von Grund auf verändert werden müsse. Aber hier hörte die Einigkeit bereits wieder auf"[13]. Aufgrund dieser Vermutung des mangelnden rationalen Konsensus über die Ziele der Reform ist es wohl ebenso angbracht, die Mittel, mit denen diese Ziele erreicht werden sollen, im Hinblick auf ihre rationale Fundierung in Zweifel zu ziehen. Es liegt demnach nahe, diejenigen pädagogischen und politischen Ansätze, die die moderne Reform der Bildung in entscheidender Weise mitgeprägt und getragen haben, etwas genauer zu untersuchen. Wie wir aus den vorherigen Zitaten ersehen können, bietet das platonische bzw. sokratische Modell eine günstige Vergleichsbasis, insofern Sokrates die rationale Legitimationsfähigkeit von Pädagogik und Bildung ins Zentrum rückt. Bei den Ansätzen, die die Bildungsreform in entscheidender Weise geprägt haben, handelt es sich hauptsächlich - wie wir auch schon den Richtlinien entnehmen konnten - um die "emanzipatorischen Ansätze" und, wie aus dem folgenden Zitat implizit zu entnehmen ist, um die "lerntheoretischen" Modelle: "Das Durchdringen politischer Konflikte verlangt außer der Kenntnis politischer Prozesse und Strukturen problemlösendes Denken, d.h. die Fähigkeit, produktive und alternative Lösungen zu finden. Diesem Denktypus ist ein Verhaltensstil zuzuordnen, der durch Risikobereitschaft, Unabhängigkeit und Kreativität gekennzeichnet ist und nur in bestimmter Lernorganisation gedeiht. Es kann daher ein Zusammenhang zwischen Lernzielen, Verhaltensstil und Lernorganisation gefolgert werden: Es entsprechen einander problemlösendes Denken, selbstbestimmtes Verhalten und selbstaktivierende Lernorganisation"[14]. Wenn man sich über das sokratische Erziehungsmodell informieren will, begegnet man allerdings der Schwierigkeit, daß die modernen Pädagogen - außer H. v. Hentig - recht wenig auf das platonische Modell rekurrieren, was besonders deswegen zu bedauern ist, weil innerhalb dieses Ansatzes der Versuch gemacht wird, die Ziele selbst einem rationalen Verfahren zu unterwerfen. Neben dieser recht mangelhaften Rezeption Platons auf Seiten derjenigen Pädagogen, die ihrerseits rationale Legitimationsfähigkeit der Erziehung anstreben, ist außerdem bemerkenswert, daß diejenigen Autoren neueren Datums, die sich mit Platon beschäftigen, mehr auf die Sekundärliteratur zu Platon eingehen als auf die Originaltexte selbst. Auch die neueren pädagogischen Lexika zeigen die Tendenz, den platonischen bzw. soktratischen Kategorien wie Mäeutik und Dialektik zunehmend weniger Platz einzuräumen, dafür jedoch die Dialektik Aristoteles', Kants, Hegels und Marx' zu bevorzugen.[15]
Es erscheint mir daher sinnvoll, den Versuch einer eigenen Auseinandersetzung mit den platonischen Quellentexten anzutreten, auch wenn es sich dabei nur um eine recht naive Interpretation handeln kann. Angesichts der aktuellen Bildungsdebatte und -situation in der BRD, bietet es sich jedoch an, diese Auseinandersetzung unter gleichzeitiger Berücksichtigung der modernen pädagogischen Konzepte vorzunehmen.[16]

I. HAUPTTEIL

A: <u>Die Mäeutik</u>

1. Einleitung

> "Sokrates: Gedenkst du nun, Theaitetos, nach
> diesem wiederum mit anderem schwanger zu werden:
> so wirst du, wenn du es wirst, dann Besseres bei
> dir tragen vermöge der gegenwärtigen Prüfung,
> wenn du aber leer bleibst, dann denen, welche dich
> umgeben, weniger beschwerlich sein und
> sanftmütiger und besonnenerweise nicht glauben zu
> wissen, was du nicht weißt. Denn nur soviel vermag
> diese meine Kunst, mehr aber nicht, noch verstehe
> ich so etwas wie die anderen großen und
> bewunderten Männer von jetzt und ehedem. Diese
> geburtshelferische Kunst aber ist meiner Mutter und
> mir von Gott zugeteilt worden, ihr nämlich für die
> Frauen und mir für edle und schöne Jünglinge.
> Jetzt nun muß ich mich in der Königshalle
> einstellen wegen der Klage, welche Meletos gegen
> mich angestellt hat. Morgen aber, Theaitetos,
> wollen wir uns wieder hier treffen."

(Platon, Theaitetos, 210 c–d)

Wie sich aus der Einleitung zu dieser Arbeit schon erkennen läßt, ist das Bild,
was sich dem Studenten der Pädagogik - sein eigenes Fach betreffend - bietet,
ein genauso konfuses und zersplittertes, wie vor der Bildungsreform. Im Hauptteil
dieser Arbeit möchte ich nun zu begründen suchen, daß dieser äußere Eindruck
der Zersplitterung kein bloß subjektiv bestimmter Eindruck ist. Er folgt, so
möchte ich nachweisen, notwendig aus den Erziehungsmodellen unserer heutigen
Zeit, sofern man diese einer rationalen Prüfung unterzieht. Jede Auffassung von
Pädagogik, bzw. jedes pädagogische Modell müßte unter wissenschaftlichen
Gesichtspunkten begründbar sein im Sinne der <u>Prämissen</u>, die über den Gegenstand
(bei der Pädagogik der Mensch, respektive der jüngere Mensch) explizit oder
implizit gemacht werden, im Sinne der <u>Ziele</u>, die dem Gegenstand angemessen sein
müßten und der <u>Mittel</u>, die zu der gewünschten Erreichung dieser Ziele führen
sollen.
Auf der Grundlage dieser drei Fragen möchte ich die rationale
Legitimationsfähigkeit von Pädagogik zum Gegenstand der folgenden Untersuchung
erheben.

Als Modell einer sich rational legitimierenden Pädagogik habe ich die sokratische Methode gewählt, wie sie uns aus den platonischen Dialogen erhalten geblieben ist. Daher werde ich mich auf die Darstellung und Interpretation des didaktischen Modells, das uns durch die sokratische Mäeutik vorgegeben ist, stützen. Durch die Herausstellung einzelner, von Sokrates selbst hervorgehobener relevanter Punkte dieser Lehrkunst ergeben sich Vergleichsmöglichkeiten mit den pädagogischen Konzepten der heutigen Zeit. Da bei der sokratischen Pädagogik, insofern sie sich rational begründet, die entsprechende Denkmethode nicht außer Acht gelassen werden darf, ergeben sich für den Hauptteil dieser Arbeit die beiden Schwerpunkte Mäeutik und Dialektik. Sie sind zwar als untrennbare "Ziel-Mittel-Relation" nur schwerlich unabhängig voneinander zu betrachten, werden hier jedoch, der analytischen Trennung wegen, als Einzelpunkte auftauchen.

2. Die soktratische Mäeutik. Darstellung einer rationalen Didaktik (=Lehrkunst)

Expressis verbis wird die sokratische Lehrkunst, obwohl sie in allen platonischen Dialogen praktiziert wird, nur im Dialog "Theaitetos" angesprochen. Daher erscheint es mir sinnvoll – besonders auch im Hinblick auf die leider mangelhafte Rezeption Platons im pädagogischen Hochschulbereich – diese Stelle zu zitieren, weil ich mich bei der Interpretation mehrfach auf diese beziehen werde. Im "Theaitetos" geht es um das Problem der Erkenntnis, bzw. um die Frage, was denn die Erkenntnis wohl sei. Sokrates spricht mit einem wesentlich jüngeren Menschen, mit Theaitetos, der ein Schüler des Meßkünstlers – heute würden wir sagen Geometrikers – Theodoros ist. Da man davon ausgehen kann, daß Platon, der ja nicht nur Philosoph, sondern auch Dichter ist, die inneren und äußeren Bedingungen der Dialoge immer schon in inhaltliche Wesenszusammenhänge setzt, darf ich auch hier vorausschicken, daß nicht von ungefähr das Problem der Erkenntnis mit einem Meßkünstler erörtert wird. Dieser erhält vielmehr seinen besonderen Stellenwert dadurch, daß die Erkenntnis von vornherein im Rahmen des Messens eingeführt wird, und sie sich im Verlaufe des Gespräches als ein Problem des Messens, bzw. des richtigen Maßstabs herausstellt.

Theaitetos ist sozusagen der Primus der Schule des Theodoros und wird auch von seinem Lehrer als jemand herausgehoben, in dem besondere Qualitäten zu erkennen sind, sowohl was seinen Lerneifer (Motivation) als auch was seine Lernvoraussetzungen (intellektuelle Qualitäten) und seine Charakterkonstellation betrifft.[1]

Sokrates, der sich zu dieser Zeit, was schon dem Motto des Hauptteils zu entnehmen ist, gegen die Klage des Meletos verteidigen muß, hat den Theodoros ganz ausdrücklich nach einem Schüler gefragt, der Theodoros' Einschätzung zufolge besonders begabt sei. Mit Theaitetos beginnt nun Sokrates ein Gespräch über die Erkenntnis bzw. genauer: Über die Frage, ob Wissenschaft (episteme) denn dasselbe sei wie Erkenntnis, worüber Sokrates selbst, wie er sagt, im Zweifel ist. Um die Frage beantworten zu können, stellt sich für den Dialog zunächst die Aufgabe, zu klären, was man unter Erkenntnis eigentlich zu verstehen habe. Theaitetos versucht mit seiner Antwort zu erklären, daß es viele Erkenntnisse gibt, wie z.B. die Meßkunst oder die Schuhmacherkunst, und daß allen "Künsten" (=Fertigkeiten) Erkenntnisse über den Gegenstand ihrer je speziellen Kunst zugrunde liegen. Da jedoch die Frage nicht lautet, wovon es Erkenntnisse gibt, sondern was das Spezifische an der Erkenntnis sei, benützt Sokrates ein Beispiel, um Theaitetos zu erläutern, daß seine Antwort der Frage nicht adäquat gewesen sei. Sokrates sagt, daß es leider überhaupt nichts nützen würde, auf die Frage, was der Lehm sei, zu antworten, es gäbe Lehm für Töpfer, Puppenmacher und Ziegelstreicher, da ja derjenige, der die Frage nach dem Lehm gestellt hat, gar nicht wisse, was Lehm überhaupt sei.[2] In diesem Beispiel ist noch einmal ausdrücklich darauf hingewiesen, daß wir das vorher bekundet sokratische Unwissen (=Zweifel), die Sache betreffend, sehr ernst nehmen müssen. Jedoch tritt uns hier schon entgegen, daß die Unwissenheit des Sokrates der Anwendung der Rationalität nicht im Wege steht, sondern die rationale Anwendung erst ermöglicht, indem er auf die mangelnde Adäquanz von Frage und Antwort durch Theaitetos aufmerksam wird. Dies kann ihm jedoch nur auffallen, wenn er selbst an der rationalen Ergründung der Frage interessiert ist. Folgerichtig ergänzt Sokrates, daß es wesentlich einfacher und richtiger sei, wenn man auf die Frage nach dem Lehm antworten würde, Wasser mit Erde vermischt sei Lehm. Diese Antwort geht auf das identische Kriterium der Sache, nach der gefragt wird. Theaitetos, der schon vorher als sehr begabt eingeschätzt worden ist, sieht natürlich sofort ein, daß seine Antwort auf die Frage nach dem Wesen der Erkenntnis, d.h. nach dem identischen Kriterium aller der Dinge, die Erkenntnisse sind, verfehlt ist. Ebenfalls begreift er die Dimension der richtigen Antwort, auf die sich das Beispiel mit dem Lehm bezieht, denn er führt sofort ein Beispiel aus seinem eigenen Erfahrungsbereich - als Schüler der Geometrie - an, welches verdeutlicht, daß er weiß, was von ihm als Antwort gefordert ist.[3] Obwohl sich ihm diese Analogie zur Mathematik aufdrängt, sagt er aber, daß er nicht wisse, wie er dies auf das Problem der Erkenntnis übertragen könne. Er betont aber zugleich, daß es ihm unmöglich sei - obwohl er nicht weiß, wie er es machen soll - aufzuhören, darüber nachzudenken.[4] In diesem Kontext erklärt Sokrates ihm, daß er (Theaitetos) Geburtsschmerzen habe, und schließt die Darstellung seiner mäeutischen Kunst an: "Sokrates: Also du Lächerlicher hast wohl niemals gehört, daß ich der Sohn einer Hebamme bin, einer sehr berühmten und mannhaften, der Phainarete? Theaitetos: Das habe ich wohl schon gehört. Sorates: Etwa auch, daß ich dieselbe Kunst ausübe, hast du gehört? Theaitetos: Das keineswegs. Sokrates: Wisse dann, dem ist so. Verrate mich aber nicht damit gegen die andern, denn es weiß niemand von mir, Freund, daß ich diese Kunst besitze. Da es nun die Leute nicht wissen: so sagen sie mir auch dieses zwar nicht nach, wohl aber, daß ich der wunderlichste aller Menschen wäre und alle in Verwirrung brächte. Gewiß hast du das auch gehört? Theaitetos: Vielfältig. Sokrates: Soll ich dir davon die Ursache sagen? Theaitetos: Allerdings. Sokrates: Überlege dir nur recht alles von den Hebammen, wie es um sie steht, so wirst du leichter merken, was ich will. Denn du weißt doch wohl, daß keine, solange sie noch selbst empfängt und gebärt, andere entbindet, sondern nur welche selbst nicht mehr fähig sind zu gebären, tun es.

Theaitetos: So ist es allerdings.

Sokrates: Das soll, wie sie sagen, von der Artemis herrühren, weil dieser, einer Nichtgebärenden, dennoch die Geburtshilfe zuteil geworden. Nun hat sie den ganz Unfruchtbaren zwar nicht verleihen können, Geburtshelferinnen zu sein, weil die menschliche Natur zu schwach ist, um eine Kunst zu erlangen in Dingen, deren sie ganz unerfahren ist; wohl aber hat sie diese Gabe denen, die des Alters wegen nicht mehr gebären, beigelegt, um doch der Ähnlichkeit mit ihr selbst einen Vorzug einzuräumen.

Theaitetos: Das scheint annehmlich.

Sokrates: Ist also wohl auch das annehmlich und notwendig, daß, ob eine schwanger ist oder nicht, besser von den Geburtshelferinnen erkannt wird als von andern?

Theaitetos: Gar sehr.

Sokrates: Ja, es können auch die Hebammen durch Arzneimittel und Zaubersprüche die Wehen erregen und, wenn sie wollen, sie auch wieder lindern und den Schwergebärenden zur Geburt helfen, oder auch das Kind, wenn diese beschlossen haben, sich dessen zu entledigen, solange es noch ganz klein ist, können sie abtreiben.

Theaitetos: So ist es.

Sokrates: Hast du auch das schon von ihnen vernommen, daß sie ebenfalls die geschicktesten Freiwerberinnen sind, indem sie gründlich zu unterscheiden verstehen, was für eine Frau sich mit was für einem Manne verbinden muß, um die vollkommensten Kinder zu erzielen?

Theaitetos: Das habe ich noch nicht so gewußt.

Sokrates: So wisse denn, daß sie hiermit noch mehr großtun als mit dem Nabelschnitt. Überlege auch nur: Glaubst du, daß die Pflege nebst Einsammlung der Früchte des Erdbodens und dann wiederum die Einsicht, welchem Boden man jegliches Gesäme und Gewächs anvertrauen muß, zu einer und derselben Kunst gehören oder zu verschiedenen?

Theaitetos: Nein, sondern zu derselben.

Sokrates: Bei den Frauen aber glaubst du, daß dieses eine andere und das Einsammeln wieder eine andere Kunst ist?

Theaitetos: Das ist wenigstens nicht wahrscheinlich.

Sokrates: Wohl nicht, sondern nur wegen des unrechtlichen und unkünstlerischen Zusammenführens der Männer und Frauen, welches man das Kuppeln nennt, enthalten sich die Hebammen als ehrbare Frauen auch des Freiwerbens, aus Furcht, sie möchten um dieser Kunst willen in jenen Verdacht geraten. Denn eigentlich steht es den wahren Geburtshelferinnen auch allein zu, auf die rechte Art Ehen zu stiften.

Theaitetos: Offenbar.

Sokrates: Soviel also hat es mit den Hebammen auf sich; weniger aber noch als mit meinem Spiel. Denn bei den Frauen kommt es nicht vor, daß sie größtenteils zwar echte Kinder gebären, bisweilen aber auch Mondkälber, und daß beides schwierig wäre zu unterscheiden. Denn wäre dies der Fall: so würde es gewiß die schönste und größte Kunst der Hebamme sein, zu unterscheiden, was etwas Rechtes ist und was nicht. Oder glaubst du nicht?

Theaitetos: Das glaube ich wohl.

Sokrates: Von meiner Hebammenkunst nun gilt im übrigen alles, was von der ihrigen; sie unterscheidet sich aber dadurch, daß sie Männern die Geburtshilfe leistet und nicht Frauen, und daß sie für ihre gebärendenen Seelen Sorge trägt und nicht für Leiber. Das Größte aber an unserer Kunst ist dieses, daß sie imstande ist zu prüfen, ob die Seele des Jünglings ein Trugbild und Falschheit zu gebären im Begriff ist oder Fruchtbares und Echtes. Ja, auch hierin geht es mir eben wie den Hebammen: Ich gebäre nichts von Weisheit, und was mir bereits viele vorgeworfen, daß ich andere zwar fragte, selbst aber nichts über irgend etwas antwortete, weil ich nämlich nichts Kluges wüßte zu antworten, darin haben sie recht. Die Ursache davon aber ist diese: Geburtshilfe leisten nötigt mich der Gott, erzeugen aber hat er mir verwehrt. Daher bin ich selbst keineswegs etwa weise, habe auch nichts dergleichen aufzuweisen als Ausgeburt meiner eigenen Seele. Die aber mit mir umgehen, zeigen sich zuerst zwar zum Teil als gar sehr ungelehrig; hernach aber, bei fortgesetztem Umgang, alle, denen es der Gott vergönnt, als wunderbar schnell fortschreitend, wie es ihnen selbst und anderen scheint; und dieses ganz offenbar ohne jemals irgend etwas von mir gelernt zu haben, sondern nur selbst aus sich selbst entdecken sie viel Schönes und halten es fest; die Geburtshilfe indes leisten dabei der Gott und ich. Dies erhellt hieraus: Viele schon haben, dies verkennend und sich selbst alles zuschreibend, mich aber verachtend, oder auch selbst von andern überredet, sich früher, als recht war, von mir getrennt und nach dieser Trennung dann teils infolge schlechter Gesellschaft nur Fehlgeburten getan, teils auch das, wovon sie durch mich entbunden worden, durch Verwahrlosung wieder verloren, weil sie die falschen und trügerischen Geburten höher achteten als die rechten; zuletzt aber sind sie sich selbst und andern gar unverständig vorgekommen, von welchen einer Aristides, der Sohn der Lysimachos war, und viele andere mehr. Wenn solche dann wiederkommen, meinen Umgang begehrend, und wunder was darum tun, hindert mich doch das Göttliche, was mir zu widerfahren pflegt, mit einigen wieder umzugehen; bei andern dagegen läßt es das zu, und diese schreiten wieder fort. Auch darin ergeht es denen, die mit mir umgehen, wie den Gebärenden: sie haben nämlich Wehen und wissen sich nicht zu lassen bei Tag und Nacht, weit ärger als jene. Und diese Wehen kann meine Kunst erregen sowohl als stillen. So ist es demnach mit diesen beschaffen. Bisweilen aber, o Theaitetos, wenn einige mir gar nicht recht schwanger zu sein scheinen, solchen, weil ich weiß, daß sie meiner gar nicht bedürfen, bin ich ein bereitwilliger Freiwerber, und mit Gott sei es gesprochen, ich treffe es zur Genüge, wessen Umgang ihnen vorteilhaft sein wird, wie ich denn ihrer schon viele dem Prodikos zugeführt habe, viele auch andern weisen und gottbegabten Männern. Dieses habe ich dir, Bester, deshalb so ausführlich vorgetragen, weil ich die Vermutung habe, daß du, wie du es auch selbst meinst, etwas in dir trägst und Geburtsschmerzen hast. So übergib dich als mir, als dem Sohn einer Geburtshelferin und auch selbst der Geburtshilfe kundigen, und was ich dich frage, das beeifere dich so gut du nur kannst zu beantworten. Und wenn ich bei der Untersuchung etwas, was du sagst, für ein Mondkalb und nichts Echtes befunden habe, also es ablöse und wegwerfe, so erzürne dich darüber nicht, wie die Frauen es bei der ersten Geburt zu tun pflegen. Denn schon viele, mein Guter, sind so gegen mich aufgebracht gewesen, wenn ich ihnen eine Posse abgelöst habe, daß sie mich ordentlich hätten beißen mögen, und wollen nicht glauben, daß ich das aus Wohlmeinen tue, weil sie weit entfernt sind einzusehen, daß kein Gott jemals den Menschen mißgünstig ist, und daß auch ich nichts dergleichen aus Übelwollen tue, sondern mir nur eben keineswegs verstattet ist, Falsches gelten zu lassen und Wahres zu unterschlagen".[5]

3. Interpretation des mäeutischen Selbstverständnisses des Sokrates nach "Theaitetos" (149a – 151d)

Da, wie vorher schon betont, Platon ein philosophischer Dichter oder ein dichtender Philosoph ist, wird es immer notwendig sein, ihn zu interpretieren. Das ermöglicht auf der einen Seite, gerade unter der Bedingung des Dialogs, die große Chance des selbständigen Nachvollzugs platonischer Philosophie, sofern man sich bei der Interpretation von rationalen Kriterien leiten läßt, kann aber auch, wie die Rezeption Platons eindrücklich deutlich macht, sehr leicht zu Mißdeutungen führen.
Im Folgenden werde ich einige Voraussetzungen und Vorbedingungen der sokratischen Mäeutik näher erläutern, in der Hoffnung, daß durch diese Erläuterungen die Chance des Nachvollzugs noch verbessert werden kann.

3.1 Erste Voraussetzung der sokratischen Mäeutik:
Das Alter bzw. die intellektuelle Reife des Schülers.

Vorweg muß zunächst betont werden, daß die sokratische Methode, wie sie sich durch dieses Zitat darstellt, natürlich keine Methode ist, mit der man kleine Kinder erziehen kann, sondern, daß sie im Gegenteil bestimmter intellektueller Voraussetzungen auf seiten der Schüler bedarf. Die Bedingung der intellektuellen Reife findet sich auch bei dem Mathematiker und Pädagogen Weierstrass, der sich über die Druchführung der sokratischen Methode für den Unterricht an den Schulen Gedanken macht, allerdings zu dem Ergebnis kommt, daß der zusammenhängende Vortrag vorzuziehen sei: "Er (Weierstrass, d. Verf.) gesteht zwar zu, daß ein solcher Vortrag >>wenn er von Erfolg sein soll, Schüler von bereits reiferem Geiste voraussetzt<<. Doch da nach seiner Meinung auch >>die sokratische Methode in ihrem wahren Geiste durchgeführt<<   >>weiniger für Knaben als für reifere Jünglinge paßt<<, so fragt man sich vergeblich, woher die Reife des Geistes kommen soll, die der nicht-sokratischen Lehrart den Erfolg sichert".[6]
Sieht man sich in der modernen Entwicklungspsychologie um, so wird man vielleicht das Alter oder wenigstens den formalen Charakter der geistigen Reife des Schülers mit dieser Hilfe etwas genauer bestimmen können.
Bezieht man sich zunächst auf die ältere Form der Einteilung der menschlichen Entwicklung in Phasen oder Stadien, so läßt sich meist die letzte der von den verschiedenen Autoren genannten Phasen der Voraussetzung für die mäeutische Kunst zuordnen. So wäre zum Beispiel bei Busemann die 4. Phase, die als "Reifealter und Jünglingsalter" bezeichnet wird, der formalen Bedingung für die sokratische Methode adäquat. Busemann selbst betrachtet seine Einteilung jedoch nur als einen Ordnungsversuch: "Naturgemäß bleibt jeder Versuch dieser Art unvollkommen, weil das Ganze ein kontinuierlicher Prozeß ist".[7]

In der Einteilung Oswald Krohs, der drei Stufen der Entwicklung mit jeweils drei Phasen annimmt, fällt der für die Mäeutik geforderte Entwicklungsstand in etwa mit den letzten zwei Phasen der dritten Stufe zusammen. Diese werden so beschrieben: "2. Phase: Übernahme fester Einstellungen und Standpunkte, Suche nach Vorbildern, Schwärmerei und Idealismus. 3. Phase: Erneute Umweltzuwendung, Hineinwachsen in die endgültige Lebensform".[8]

Die Angaben über diese Stufen oder Phasen sind allerdings bei den Autoren ohne Altersangaben, da gerade für die letzten Phasen stärkere individuelle Unterschiede angenommen werden. Lediglich bei Kroh läßt sich angeben, daß die vorherige zweite Entwicklungsstufe etwa im 12. Lebensjahre abgeschlossen sein soll.

Nun ist die Phasenlehre der Entwicklung jedoch sehr umstritten und wird auch von R. Oerter, besonders wegen einiger spezifischer Fehler, wie z.B. der zu geringen Berücksichtigung der "Kontinuität"[9] der Entwicklung und der zu starken Überbetonung der "Entwicklung nach inneren Gesetzen"[10], kritisiert.

Wenden wir uns der Auffassung von Entwicklung zu, von der Oerter meint, daß sie "die eingangs aufgestellten Bedingungen nach Einordnung von Befunden und nach Voraussagbarkeit von Verhalten besser als die Phasenlehre erfüllt"[11], so ist dies die Entwicklung als soziales Lernen. Zur Erklärung sagt Oerter: "Die Sozialisierung wird heute allgemein als ein Lernvorgang aufgefaßt. Dabei besteht das Lernen in der Übernahme der von der Gesellschaft vorgeschriebenen Verhaltensweisen, Haltungen (Gesinnungen) und Leistungen. Diesen Vorgang bezeichnen wir fortab als soziales Lernen".[12]

Auch für dieses Verständnis der Entwicklung bis zum Erwachsenenalter gibt es eine Beschreibung. Hier wären, zur Einordnung für unsere Zwecke, die beiden Punkte "Spätere Kindheit" und "Reifejahre" näher zu betrachten. Die spätere Kindheit wird folgendermaßen umrissen: "Während dieser Zeit ist der Mensch umweltzugewandt, aufgeschlossen, vielseitig interessiert und sieht das Erwachsenwerden als besonders erstrebenswertes Ziel an".[13]

Die Beschreibung der sich anschließenden Reifejahre lautet: "In den Jahren, die sich zwischen Kindheit und Erwachsenenalter schieben, kommt irgendwann einmal der Zeitpunkt, da sich der Jugendliche von vielen Gepflogenheiten der Kindheit löst und lösen muß. Der Sozialisierungsprozeß ist nun so weit fortgeschritten, daß der Jugendliche sein Geschick selbst in die Hand nehmen möchte. [...] Die Bemühung um persönliche Autonomie führt zu eigenständigen Stellungnahmen gegenüber der sozialen Umwelt, zum Streben nach Selbsterziehung und Selbstverwirklichung. Diese optimale Entwicklung ist allerdings nur unter günstigen Bedingungen gegeben und kann nur bei einem Teil der Jugendlichen in ausgeprägter Form beobachtet werden".[14] Viel ist aus diesem Rekurs auf die Entwicklungspsychologie inhaltlich, im Bezug auf die geistige Entwicklung oder Reife des Kindes, nicht zu entnehmen. Halten wir also fest, daß das Alter des Schülers, der für die sokratische Mäeutik in Frage kommen würde, frühestens bei ca. 15-16 Jahren liegen würde. Die inhaltliche Seite können wir vielleicht zunächst als Interesse an eigenen geistigen Leistungen oder als Interesse an der Fundierung oder Erprobung eigener Einstellungen charakterisieren. Außerdem müßte man unterstellen, daß eine gewisse Allgemeinbildung in diesem Alter schon vorhanden sein müßte. Aufgrund dieses Versuchs der Eingrenzung des Alters, bzw. der mäeutischen Voraussetzung, darf aber nicht geschlossen werden, daß Platon eine Erziehung im früheren Kindheitsalter aus dem Blickfeld verliert. Wie aus der

"Politeia" hervorgeht, ist die Erziehung in der frühen Kindheit sogar besonders wichtig, da "der Anfang bei jedem Werk das wichtigste ist, zumal für ein junges und zartes Ding".[15]
Daher befaßt sich Platon in der Politeia dann auch sehr ausführlich mit der Art der Erziehung im Kindesalter, der musischen und gymnastischen Erziehung, sowie auch gerade mit den Inhalten dieser, der Mäeutik zugrunde liegenden Erziehung.[16]

3.2 Der "göttliche" Zuschreibungsmechanismus der mäeutisch gewonnenen Erkenntnisse

Sehen wir uns die zitierte Darstellung der sokratischen Mäeutik an, so fällt auf, daß Sokrates an mehreren Stellen betont, daß er selbst "nichts gebäre von Weisheit", daß er "nichts" dergleichen aufzuzeigen habe "als Ausgeburt" seiner "eigenen Seele", daß die anderen recht haben, wenn sie sagen, "daß ich aber nichts über irgend etwas antworte, weil ich nämlich nichts Kluges wüßte zu antworten" und auch, daß ihm "erzeugen" verwehrt ist. Sokrates weist somit nicht nur die Voraussetzungen der geburtshelferischen Kunst von sich, sondern indem er sagt: "Geburtshilfe leisten nötigt mich der Gott, erzeugen aber hat er mir verwehrt", verschiebt er auch die Ursache seiner Kunst auf einen anderen, nämlich auf den Gott. Geht man von der Analogie zwischen der normalen Hebammenkunst und der "höheren" sokratischen Hebammenkunst aus, so muß man sich ins Gedächtnis rufen, daß die Hebammen ebenfalls ihre Kunst von einer Göttin, der Artemis, verliehen bekommen haben, einer Göttin, die selbst nicht gebärt. Diese jedoch hat ihre Kunst nicht den Unfruchtbaren zuerteilt, "weil die menschliche Natur zu schwach ist, um eine Kunst zu erlangen in Dingen, deren sie ganz unerfahren ist", wohl aber denen, die "nicht mehr gebären, um doch der Ähnlichkeit mit ihr selbst einen Vorzug einzuräumen." Da der analoge Vergleich dieser beiden Künste eingeführt wird, indem Sokrates ganz zu Anfang sagt: "Von meiner Hebammenkunst nun gilt im übrigen alles, was von der ihrigen", dürfen wir wohl zu Recht annehmen, daß der Verweis Sokrates' er "gebäre nichts" seine potentielle Gebärfähigkeit nicht ausschließt, sowie die Hebammen ebenfalls nicht unfruchtbare Frauen gewesen sind. Da die Schwäche der menschlichen Natur, etwas zu erlernen, wovon sie keine Erfahrung besitzt, vorher angeführt wird, müssen wir uns fragen, welches denn das Ähnlichkeitskriterium zwischen Sokrates und dem Gott, der ihn zum "Geburtshilfe leisten" nötigt, sein könnte. Er muß dieses Kriterium (wie ich hier vorausschicken muß, allerdings erst im Schlußteil meiner Arbeit genauer begründen werde) die Rationalität sein, da Sokrates die Götter implizit als rational setzt.
Warum, erhebt sich aber die Frage, besteht er so darauf, herauszustellen, daß er selbst keine Weisheit besitze, nichts erzeuge an Weisheit und weist ein Gebären seiner eigenen Seele so weit von sich? Gehen wir im Text weiter, so scheint es, daß diese Gebärfähigkeit seinen Schülern bzw. den Leuten mit denen er Umgang hat, nicht in Abrede gestellt wird. Er sagt: "nur aus sich selbst entdecken sie viel Schönes und halten es fest". Man könnte hieraus schließen, daß den Schülern sogar ein fast ausschließliches Vermögen zur Herstellung der geburtshelferischen Ergebnisse zuerkannt wird, würden nicht die nachfolgenden Sätze diese Interpretation ad absurdum führen. Sie lauten: "Die Geburtshilfe indes leisten dabei der Gott und ich. Dies erhellt hieraus: Viele schon haben dies verkennend

und sich selbst vieles zuschreibend, mich aber verachtend, oder auch selbst von anderen überredet, sich früher, als recht war, von mir getrennt und nach dieser Trennung dann teils infolge schlechter Gesellschaft nur Fehlgeburten getan, teils auch das, wovon sie durch mich entbunden worden sind, durch Verwahrlosung wieder verloren, weil sie die falschen und trügerischen Geburten höher achteten als die rechten; zuletzt aber sind sie sich selbst und anderen gar unverständig vorgekommen...".

In diesen Sätzen drückt sich aus, daß Sokrates die richtigen Geburten abhängig macht von seiner geleisteten Geburtshilfe, und dies sowohl in inhaltlicher als auch in zeitlicher Dimension. Der richtigen Geburt muß zwar auf der einen Seite die potentielle intellektuelle Fähigkeit (Reife) zukommen, erreichbar ist sie aber nicht ohne die richtige Hilfe, was bedeutet, daß es, um richtige Geburten (=Erkenntnisse) zu erzielen, sehr auf die "richtige" Förderung und die Art der Betreuung des Schülers ankommt. Dieser muß aber die richtige Art des Verhaltens anstreben, will er richtige Geburten tun und sie auch behalten. Daß es letztendlich bei diesen Geburten um Erkenntnisse geht, wird ebenfalls durch das vorherige Zitat ersichtlich: Die Tatsache, daß "Fehlgeburten" von der schlechten Gesellschaft abhängig sein können (wobei hier Gesellschaft natürlich Umgang meint) ist leicht einzusehen, gerade wenn wir uns erinnern, daß es sich um Schüler im Alter zwischen ca. 15-18 Jahren handelt, die sich oftmals viel lieber einer milieuspezifischen Gruppe anschließen, ohne die qualitative Ebene ihres Umgangs im Auge zu haben.[17] Daß richtige Geburten wieder verloren gehen können, läßt sich nur verstehen, wenn man davon ausgeht, daß die Schüler ihre Geburten in der kurzen Zeit der Bekanntschaft mit Sokrates noch gar nicht als "richtig" erkannt haben, diese also noch keine Erkenntnisse geworden sind. Wichtig für die Erlangung von dauerhaften Erkenntnissen scheint also, neben der zeitlichen Dauer, die Tatsache zu sein, daß die Schüler nicht in den Irrtum verfallen dürfen, sich selbst die Erkenntnisfähigkeit all zu früh zuzuschreiben und als Folge dieses Selbstzuschreibungsmechanismus die Trennung von Sokrates herbeizuführen. Inhaltlich läßt sich dieser Irrtum des Schülers als mangelndes Wissen um die für den Erkenntnisprozeß konstitutive Relevanz der Erkenntnis k a t e g o r i e n charakterisieren.

Erkenntnisse können aber nur dann verloren gehen - und falsche Ergebnisse für Erkenntnisse gehalten werden - wenn dem Schüler diese Kategorien, mit deren Hilfe nur zu Erkenntnissen gelangt werden kann, nicht bewußt sind.

Die Mäeutik verfolgt demnach, wie wir feststellen, das Ziel der Gewinnung von haltbaren oder wahren Ergebnissen, also Erkenntnissen, die jedoch nicht als "aus-sich-selbst" gewonnene betrachtet werden dürfen, sondern dem Gott, somit der Rationalität angehören.

3.3 Zweite Voraussetzung der sokratischen Mäeutik: Kognitive Motivation

Bleiben wir innerhalb der Analogie zur normalen Hebammenkunst, so müssen wir feststellen, daß die erste Voraussetzung der potentiellen intellektuellen Reife längst noch nicht ausreichend ist, die sokratische "höhere" Hebammenkunst zur Anwendung zu bringen. Sokrates weist vielmehr darauf hin, daß er nur denjenigen helfen könne, die wirklich schwanger sind und daß er dies auch in der Lage sei zu erkennen, wohingegen diejenigen, die ihm "gar nicht schwanger zu sein scheinen", seiner "gar nicht bedürfen". Mit denen, von denen er weiß, daß sie seiner gar nicht bedürfen, befaßt sich seine Kunst auch nicht, sondern er schickt sie zu anderen "weisen und gottbegabten Männern" - wie z.B. zum Prodikos - deren Umgang ihm für diese "vorteilhaft" erscheint.

Um nun diesen inhaltlichen Voraussetzungen näher zu kommen, müssen wir uns fragen, aus welchen Anzeichen Sokrates denn erkennen kann, daß Theaitetos ihm schwanger zu gehen scheint. Dazu müssen wir zum Ausgangspunkt des Dialogs zurückkehren und uns erinnern, daß Sokrates zunächst einmal das Beispiel mit dem Lehm vorgeführt hat, damit Theaitetos der richtige Weg zur Beantwortung der Frage klar werde. Die Tatsache, daß ihm die Dimension dieser Frage auch wirklich einleuchtet, fällt zusammen mit der aktualisierten ersten Voraussetzung intellektueller Reife. Abzulesen ist dies anhand des mathematischen Beispiels, das Theaitetos selbst anführt. Dieses Beispiel nun ist sowohl dem Denkhorizont als auch dem Erfahrungshorizont des Theaitetos zuzurechnen, bezeichnet demnach die kognitive Erfahrung eines jungen Menschen und Schülers der Geometrie, der das, was wir unter allgemeiner Lebenserfahrung verstehen, noch gar nicht besitzen kann. Die Motivation des Theaitetos, auf die Frage des Sokrates die richtige, d.h. adäquate Antwort zu geben, ist also eine k o g n i t i v e Motivation, da ihm die Sache als Problem (mathematisches Problem) vorher schon vertraut ist. Und diese kognitive Motivation scheint Sokrates auch zu vermissen bei denen, die seiner nicht bedürfen, denn er schickt diese ja zu anderen weisen Männern, damit sie Erfahrungen, die vielleicht später zu kognitiven Motivationen werden können, erst einmal auf anderem Gebiete machen können.

Durch das zweite Eingeständnis des Theaitetos wird allerdings noch deutlicher, was die eigentliche Motivation ist, die Sokrates Aufschluß über die Schwangerschaft seines Gesprächspartners gibt. Theaitetos sagt, daß er zwar wisse, auf welche Art er die Frage angehen müsse, jeoch nicht in der Lage dazu sei, die Frage inhaltlich zu beantworten. Er fügt aber auch noch hinzu, daß er ebensowenig jemals davon ablassen könne, "darüber zu sinnen". Diese Aussage des Theaitetos umreißt die a f f e k t i v e Motivationsebene, die jedoch der kognitiven untergeordnet ist. Sokrates kann also als sicheres Zeichen der ernsthaften Motivation und Schwangerschaft des Theaitetos die Tatsache werten, daß dieser einerseits affektiv in das Problem involviert ist, andererseits aber die kognitive Problemebene zum Anlaß seiner Verzweiflung über die eigene Unfähigkeit nimmt, der Beantwortung Ausdruck zu verleihen. Dies läßt darauf schließen, daß ihm an der ersthaften Untersuchung der Frage viel gelegen ist.

Diese Komponenten der kognitiven und affektiven Motivation scheint auch Nelson in seinem Aufsatz über die sokratische Methode zu meinen, wenn er sagt: "Seine (die des Lehrers, d. Verf.) Fähigkeit, die geistige Disziplin durchzuführen, kann sich ihrerseits nur entfalten auf Grund einer Willensdisziplin von seiten der Schüler. Es mag ihnen befremdlich klingen - aber es verhält sich in der Tat so -, daß man zum Philosophen wird nicht durch die Gaben des Geistes, sondern durch die Anstrengungen des Willens. Jawohl, das Philosophieren erfordert besondere Geisteskraft. Aber wer wird sie aufbieten? Gewiß nicht der, der sich auf seine bloße Geisteskraft verläßt. Er wird unfehlbar mürbe werden, wenn bei tiefer dringendem Studium die Schwierigkeiten sich häufen. Er wird zwar, dank seiner Intelligenz, diese Schwierigkeiten noch erkennen, sogar sehr deutlich erkennen. Aber die Spannkraft, sich die Aufgabe immer von neuem zu stellen, bis zum Ziel bei ihr zu beharren und nicht vor dem zersetzenden Zweifel zu kapitulieren – diese Spannkraft ist nur die Kraft eines stählernen Willens; eine Kraft, von der der tändelnde Witz des bloßen Dialektikers nichts weiß. Das Feuerwerk seines Geistes ist für die Wissenschaft am Ende gerade so unfruchtbar wie die Geistesstumpfheit, die schon vor dem ersten Hindernis zurückweicht".[18]

3.4 Mäeutik als "höhere" Hebammenkunst.

Kommen wir nun zu dem, was die sokratische Methode erst zur "höheren" Kunst macht. Ihr erstes Merkmal liegt natürlich darin, daß sie, wie Sokrates ganz zu Anfang der Zitatstelle sagt, für die "gebärenden Seelen sorge trägt und nicht für Leiber", was sie – da den Seelen ein höherer Stellenwert zukommt als den Leibern – formal schon zu einer höheren Kunst machen könnte. Inhaltlich bestimmt Sokrates die Möglichkeit der Unterscheidung von "Richtigem" und "Falschem" als das "höhere" Kriterium dieser Kunst, indem er sagt: "Das größte aber an unserer Kunst ist dieses, daß sie imstande ist zu prüfen, ob die Seele des Jünglings ein Trugbild und Falschheit zu gebären im Begriff ist oder Fruchtbares und Echtes". Diese Unterscheidungsmöglichkeit ergibt sich erst durch die Untersuchung dessen, was vom Schüler gesagt worden ist, also durch die Unterwerfung der Meinungen des Schülers unter das rationale Prüfungsverfahren. Daß Sokrates selbst rationale Kriterien der Überprüfung anwendet, läßt sich schon – ohne dem Kapitel Dialektik vorzugreifen – durch das bisher Gesagte erläutern. Stellt Sokrates zwar als Thema der Untersuchung die Frage auf, ob Wissenschaft und Erkenntnis dasselbe seien, so wird doch die Frage, was denn Erkenntnis eigentlich sei, zum ersten Untersuchungspunkt gewählt. Dies ist deswegen der Fall, weil über einen so schwierigen Untersuchungsgegenstand, wie es die Erkenntnis ist, nicht munter drauflosgeredet werden darf, sondern erst einmal über diesen Gegenstand Klarheit herrschen muß, will man ihn zu einer anderen Sache in Beziehung setzen. Wie die Antwort des Theaitetos dann auch zeigt, ist es ausgesprochen wichtig, daß Sokrates das Gespräch zunächst auf das Wesen der Erkenntnis geleitet hat, denn unter anderen Voraussetzungen wäre es unweigerlich zu Mißverständnissen gekommen, die der rationalen Klärung der Frage bestimmt nicht dienlich gewesen wären. Außerdem muß man, was in sogenannten intellektuellen Gesprächen unserer heutigen Zeit leider viel zu wenig beachtet wird, immer vorherige Klarheit des Gegenstands zu erreichen versuchen, will man überhaupt eine sach-adäquate Diskussion oder Erörterung zustande bringen. Die weitere Tatsache, daß Sokrates nämlich anhand eines Beispiels den ersten Antwortversuch des Theaitetos als verfehlt aufzeigt, ohne jedoch die richtige Antwort vorzugeben (was er ja auch nicht könnte), sondern ausschließlich die Art und Weise der richtigen Antwort darstellt, gehört schon zum rationalen Prüfungsverfahren selbst. Indem er den Gang der Antwort durch das Beispiel vorzeichnet, macht er Theaitetos auf seinen spezifischen Fehler aufmerksam und stellt gleichzeitig den Weg der rationalen Beantwortung dar. Somit kann Theaitetos selber nachvollziehen, was der rationale, richtige Weg der Beantwortung ist, und einen neuen Versuch auf der Basis, jetzt besser zu wissen, worum es geht, starten. Dies zur Verdeutlichung der Anwendung rationaler Kriterien durch Sokrates; mit der Dialektik werde ich mich allerdings erst später eingehend beschäftigen.

Wichtig ist dieses Unterscheidungsvermögen jedoch noch in einem anderen Zusammenhang. Es umreißt, insofern Sokrates damit zugleich dem Theaitetos Mut macht, sich auf die mäeutische Kunst einzulassen, die Dimension des Selbstvertrauens der Vernunft, die von Leonard Nelson mit den Worten beschrieben wird: "Er (Sokrates, d. Verf.) hat den Mangel an fruchtbaren Ergebnissen gelassen hingenommen ohne eine Anwandlung von Skepsis hinsichtlich der Richtigkeit seiner Methode, unbeirrbar in der Überzeugung, trotz allem mit seinen Fragen auf dem allein richtigen Wege zu sein".[19] Dieser Mut des Sokrates gründet sich auf seiner Überzeugung – wie am Schluß der Zitatstelle ersichtlich wird – daß kein Gott den Menschen jemals mißgünstig ist und die Verwerfung von falschen Meinungen somit nicht aus "Übelwollen" geschieht, sondern damit die Wahrheit nicht unterschlagen werde. Die Forderung des vorurteilslosen Einlassens auf die rationale Prüfung zum Zwecke der Hervorbringung der Wahrheit wird auch vom Schüler verlangt, was vorausgesetzt, daß er, insofern es ja letztendlich um die Wahrheit der Erkenntnisse geht, nicht zornig oder aufgebracht reagieren darf, wenn seine Meinungen im rationalen Verfahren von Sokrates verworfen werden müssen. Diese Reaktion kann aber nur dann verhindert werden, wenn der Schüler sich, genauso wie Sokrates selbst, dem rationalen Verfahren unterwirft und der Rationalität, wie ich schon am Beispiel der kognitiven Motivation dargestellt habe, einen Vorrang gegenüber seinen sonstigen Motivationen einräumt. Auch der Weg des Nachvollzugs, und somit die Möglichkeit, von Meinungen zu Erkenntnissen voranzuschreiten, ist nur gegeben, wenn die rationale Vorgehensweise von beiden, Lehrer und Schüler, gewollt ist und auch praktiziert wird. Nelson drückt dies so aus: "Damit bin ist am Ende der Forderungen, die für den Schüler gelten. Ihre Schwierigkeit liegt nicht in der Erfüllung ihrer Einzelheiten, sondern in der Bindung an die Gesamtheit. Ich sagte vorhin: Der Arbeitsvertrag fordert von dem Schüler nichts anderes als Mitteilung der Gedanken. Sie werden verstehen, wie ich dasselbe jetzt mit den Worten ausdrücke: Er fordert von ihm Unterwerfung unter die Methode des Philosophierens, wobei der sokratische Unterricht nichts anderes bezweckt, als dem Schüler die Selbstprüfung zu ermöglichen über die Einhaltung seines Vertrages".[20]

Diese Selbstprüfung des Schülers wird von Sokrates innerhalb der Dimension des rational Überprüfbaren ermöglicht durch die Anwendung von objektiv nachvollziehbaren Kriterien, denen er sich damit notwendigerweise selbst unterwirft, wenn er sagt, daß er nicht aus "Übelwollen" verwerfe, sondern den "höheren" Maßstab anerkennt, der ihm verbietet, "Falsches" gelten zu lassen und "Wahres" zu unterschlagen.

4. Parallelen zur sokratischen Erziehungskunst

Die unter Punkt 3.2 - 3.4 dargestellten Schwerpunkte der mäeutischen Kunst des Sokrates bilden gleichzeitig auch Vergleichspunkte zu den beiden Hauptrichtungen der modernen Pädagogik, den "emanzipatorisch" und "lerntheoretisch" orientierten Ansätzen. Inwieweit diese Ansätze vergleichbar sind, und worin sie vom sokratischen Modell abweichen, soll die Untersuchung zeigen. Welche Folgen jedoch diese Abweichungen haben, wird in Punkt 4.3 anzusprechen sein. Leider wird es sich nicht gänzlich vermeiden lassen, bei der Analyse einiges vorwegzunehmen, was eigentlich erst nach der Darstellung der Dialektik vollständig verständlich sein würde.

4.1 "Emanzipatorische" Pädagogik: Pädagogik als kreative Selbstschöpfung

Das als "emanzipatorische" Pädagogik bezeichnete Verständnis von Erziehung ist als Vergleichsmodell zur sokratischen Methode besonders deswegen interessant, weil einerseits von den Vertretern dieses Ansatzes ganz ausdrücklich die "rationale" und sogar "dialektische" Legitimation in Anspruch genommen wird und andererseits die "emanzipatorischen" Modelle die Notwendigkeit ethischer Fragestellungen in den Handlungswissenschaften reflektieren. So zieht W. Klafki, was die anthropologische Prämissen der "Erziehungswissenschaft als kritische Theorie" betrifft, auch direkt die Parallele zur Antike: "Er (der Mensch, d. Verf.) wird grundsätzlich als ein zu eigener Einsicht, zur vernünftigen Bestimmung seiner Handlungen, zu freier Anerkennung seiner Mitmenschen, zur Personalität fähiges Wesen verstanden, und diese Qualitäten werden prinzipiell jedem Menschen als Möglichkeit und als Recht zugesprochen. Dieses Verständnis hat selbst eine Geschichte, die in ihren Anfängen bis in die Antike zurückreicht, ...".[21] Besonders bei Klaus Mollenhauer finden sich Hinweise auf die "rationalen" und "ethischen" Legitimationsgründe von Pädagogik, so z.B., wenn er den positivistischen Ansatz kritisiert : "Verfolgt man nämlich die wissenschaftstheoretischen Diskussionen der letzten Jahre in der Sozialwissenschaft, dann läßt sich mindestens das Problem nicht übersehen, das sich nun für die Erziehungswissenschaft aus der Kritik an einer >>positivistisch halbierten Rationalität<< ergibt, einer Wissenschaftskonzeption nämlich, nach der Wert- und Zwecksetzungen nur noch beschrieben, aber nicht mehr wissenschaftlich diskutiert werden können. Eine solche Verkürzung der Erziehungswissenschaft um die Reflexion derjenigen Probleme, die die Orientierung im Handeln betreffen, ist vielleicht das letzte Wort nicht".[22]
Die Forderung nach ethischen Kategorien, die eine "Orientierung im Handeln" ermöglichen, ist unüberhörbar. Der Wert oder das Ziel, um das es in der Erziehung zu gehen hat, wird von Mollenhauer auf die Formel gebracht: "Für die Erziehungswissenschaft konstitutiv ist das Prinzip, das besagt, daß Erziehung und Bildung ihren Zweck in der Mündigkeit des Subjekts haben, dem korrespondiert, daß das erkenntnisleitende Interesse der Erziehungswissenschaft das Interesse an Emanzipation ist".[23] Klafki drückt dieses Ziel der Erziehung folgendermaßen aus: "Kritische Theorie in diesem Sinne schließt ein ganz bestimmtes "Erkenntisinteresse" mit ein, nämlich ein auf Gestaltung oder Veränderung der Praxis gerichtetes Interesse. Die besondere Richtung dieses Interesses der Theorie

ist von uns häufig durch Begriffe wie >>Mündigkeit<<, >>Selbstbestimmung<<, >>Freiheit<<, >>Demokratisierung<<, >>Emanzipation<< als Wertungskriterien bezeichnet worden".[24]
Dieses Ziel der Erziehung, das synonym durch die Begriffe "Selbstbestimmung", "Emanzipation", "Mündigkeit" u.s.w. umschrieben wird und die positive Bestimmung dieser Begriffe darstellt, ist unter anderem auch bei Gamm[25], Lempert[26], Schäfer und Schaller[27], Heydorn[28], Scheer[29], Roth[30] und vielen anderen mehr zu finden. Gleichzeitig müssen wir aber auch feststellen, daß diese Ziele, die, wie Klafki sagt, als "Wertungskriterien", also als positiv-normative Kriterien gebraucht werden, umgekehrt, via negativa, in die Ziel-Mittel Relation eingehen, woraus sich die Dimension dieser Erziehungstheorie als "kritische Theorie" ableitet. Aus "Emanzipation", "Selbstbestimmung" oder "Mündigkeit" im negativen Gebrauch leiten sich, wie bei Mollenhauer deutlich wird, die Maßstäbe - und somit die Voraussetzungen für die Mittel - ab: "Eine so verstandene Theorie gewinnt die Maßstäbe der Kritik durch ihr Interesse an der Aufhebung von Verdinglichung und Selbstentfremdung des Menschen".[31]
Diese Zitat aus dem Buch Mollenhauers ist selbst wieder ein Zitat von J. Habermas, auf dessen Einfluß für die "emanzipatorische Erziehungstheorie" ich später noch eingehen werde. "Emanzipation" als Mittel wird von Mollenhauer so definiert: ">>Emanzipation<< heißt die Befreiung der Subjekte - in unserem Fall der Heranwachsenden in dieser Gesellschaft - aus Bedingungen, die ihre Rationalität und das mit ihr verbundene gesellschaftliche Handeln beschränken".[32]
Den "emanzipatorischen" Vertretern ist fast immer nachzuweisen, daß sie die positiven Zielbestimmungen auch in negativer Form, zur Kennzeichnung dessen, wovon befreit werden soll, gebrauchen. So sagt W. Lempert: "Immer, wenn von Emanzipation gesprochen wird, geht es um Aufhebung menschlicher Fremdbestimmung"[33], oder K. Eyferth: " "Emanzipation" heißt in dieser nicht spezifizierten Verwendung die Freisetzung des Individuums von Fremd-bestimmung".[34] Auch bei Heydorn[35], Graf von Krockow[36], oder bei Klafki[37] findet sich explizit oder implizit diese Verwendung des Emanzipationsbegriffs.
Es liegt demnach eine Verkettung der Ziel-Mittel Relation vor, die, wie in der Einleitung herausgestellt, vom Gegenstand Pädagogik selbst abzuleiten ist, und die auch in der sokratischen Methode gegeben ist, insofern das Ziel der Selbständigkeit des Schülers durch Übung - worin das Ziel schon enthalten ist - gelernt werden muß. Gelernt werden kann diese Selbständigkeit - wie ich unter Punkt 3.4 herauszustellen versucht habe - jedoch nur durch die freiwillige Unterwerfung beider, des Lehrers und des Schülers, unter die rationalen Methoden des Prüfungsverfahrens. Bei den "emanzipatorischen" Ansätzen ist allerdings auffällig, daß - im Gegensatz zur sokratischen Methode - das Ziel "Emanzipation", "Mündigkeit" oder "Selbstbestimmung" nicht als inhaltlich gefaßtes positives Ziel die Mittel, bei Sokrates etwa die strenge Anwendung widerspruchsfreier Kriterien in einem Prüfungsverfahren, initiiert, sondern vielmehr das Ziel - via negativa bestimmt - zum Ausgangspunkt gewählt wird. Das führt dazu, daß die gesellschaftspolitische Dimension ins Zentrum aller weiteren Interessen gerückt wird. Die im engeren Sinne pädagogisch zu nennenden Mittel bleiben bei den

genannten Autoren jedoch unreflektiert, obwohl besonders bei Mollenhauer und Heydorn die Verwendung der Begriffe "Rationalität" bzw. "Vernunft" auffällig häufig vorkommt.

Allerdings ist, besonders bei K. Mollenhauer, mehr oder weniger implizit bei den anderen Autoren aber ebenfalls, - wie Hedda Herwig schreibt - die "sachliche Struktur der Vernunft selber (d.h. das, worauf sich ihr Fragen richtet) in Anlehnung an Habermas doch nur wieder selbst emanzipatorischer Art".[38]

Indem Mollenhauer sagt: "Insofern ist - und das läßt sich in der erziehungswissenschaftlichen Forschung unschwer zeigen - Rationalität zunächst immer negativ. Ihre Kritik ist Verneinung der konstatierten Unfreiheit"[39], wird schon ersichtlich, daß diese Form von Rationalität auch nur wieder, genau wie die negierende Form der "Selbstbestimmung", als Aufhebung von "Fremdbestimmung", auf die gesellschaftlichen Bedingungen gerichtet ist, zum Zwecke der "empirischen Aufklärung über diejenigen Abhängigkeiten, die die Rationalität des Subjekts verhindern oder erschweren".[40]

Die gesellschaftspolitische Dimension rückt deswegen, so dürfen wir vermuten, in den Vordergrund, weil in dieser Konzeption von Erziehung die Relation "Prämisse-Ziel" in ganz bestimmter Hinsicht in eins zusammengezogen wird. Daß der Mensch potentiell in der Lage ist, per definitione, "vernünftig zu Handeln", "zu eigener Einsicht fähig" ist, zu "freier Anerkennung seiner Mitmenschen" und zur "Personalität", muß hier verstanden werden als sich automatisch aktualisierende Fähigkeiten unter positiven gesellschaftlichen Bedingungen, weil ja die Voraussetzungen der Aktualität des menschlichen Wesens nicht mehr auf die potentielle anthropologische Prämisse zurückbezogen werden. Es fällt die Frage, ob der Mensch nicht z.B. besonderer - sprechen wir mit Nelson - "Willensfähigkeiten" bedarf, um die Potentialität seines Wesens aktualisieren zu können, aus der Debatte heraus. Nur wenn Potentialität und Aktualität in dieser Weise identisch gesehen werden, läßt sich verstehen, daß die Frage der gesellschaftlichen Bedingtheit so sehr ins Zentrum gerückt wird, wie folgende Worte Klafkis verdeutlichen: "Diese Begriffe (Emanzipation, Selbstbestimmung, d. Verf.) werden nämlich nicht auf den je einzelnen zu erziehenden jungen Menschen bezogen, sondern zugleich auf die Gesellschaft und letztlich - so übersteigert das auf den ersten Blick erscheinen mag - auf die Menschheit als ganze. Die Förderung des einzelnen Kindes zur Entscheidungsfähigkeit oder Mündigkeit hin wird erst möglich, wenn die Beschränkung der pädagogischen Sorge auf das Individuum aufgehoben und die Dialektik individueller und gesellschaftlicher Emanzipation dadurch in den Blick gerät, daß die jeweiligen sozialen Bedingungen, sowie die gesellschaftlichen Funktionen der Erziehung untersucht werden".[41]

Erziehung wird somit zur permanenten Gesellschaftskritik, indem "alle Gesellschaften" darauf befragt werden, ob "eine Erziehung zur Selbstbestimmungsfähigkeit, zur Kritikfähigkeit, zur freien Wahl individueller Möglichkeiten, zur Anerkennung jedes anderen Menschen als gleichberechtigter Person"[42] in ihnen möglich ist. Oder, wie Mollenhauer es ausdrückt: "Sie wendet sich also kritisch gegen all jene Erziehungsverhältnisse, die die Verdinglichung - die Unterdrückung der Vernunft im Dienste empirischer Heteronomien - weiter betreiben, oder auch gegen solche, die ihr nicht entgegenzuwirken vermögen".[43]

Diese, im obigen Sinne "kritisch" verstandene Theorie, muß in ihrer "rationalen" Legitimation wieder von der vorher beschriebenen Gleichsetzung von Aktualität und Potentialität des menschlichen Wesens ausgehen, wenn betont wird, daß in "diesem Erkenntnisinteresse so lange keine Beeinträchtigung der Objektivität der Forschung und der Theoriebildung zu liegen braucht, wie man eben dieses eigene Interesse selbst reflektiert, also das Bewußtsein der eigenen Position dauernd wachhält und diese Position selbst diskutierbar und kritisierbar macht".[44] "Kritikfähigkeit" und auf dieser Basis "Diskutierbarkeit" der Ergebnisse dieses Erkenntnisinteresses sind die Kontrollinstrumente der "emanzipatorischen" Theorie; mit Mollenhauer gesprochen: "Kritik heißt dabei nichts anderes als intersubjektiv prüfbare Analyse der Bedingungen für Rationalität".[45] Diese Kritikfähigkeit stellt sich uns somit wiederum dar als Kritik, die sich auf die "Bedingungen für Rationalität" und also auf die die Emanzipation verhindernden Bedingungen stützt, da ja die Möglichkeit anderer verhindernder Bedingungen anthropologisch ausgeschlossen bleibt. Folgerichtig gehen dann die genannten Autoren implizit oder explizit davon aus, daß unter der Voraussetzung positiver, freier oder kritischer Bedingungen in Schule und Hochschule die Ziele ihrer Konzeption zu verwirklichen wären, was aber wieder an die Ziele in der positiven Verwendung als Verwirklichung "von dem Menschen immanenten Möglichkeiten"[46] anknüpft. Als Beispiel sei hier der Erziehungswissenschaftler H.-J. Gamm angeführt, der für den Bereich der Schule "Produktivität", "Kreativität" und "Spontaneität" als Charakteristika des emanzipatorischen Anspruchs aufstellt. Da die anderen Autoren zur inhaltlichen Klärung des "emanzipatorischen" Anspruchs nicht mehr als das vorher Bezeichnete mitteilen, kann es nur von Nutzen sein, diesen Anspruch auf "Kreativität" genauer zu untersuchen. Gamm geht in seinem Buch, das den Versuch macht, eine "kritische Schule" zu entwerfen, von der These aus, "daß die heutige Schule die Produktivität des Schülers vernichtet und seine Kreativität verschüttet".[47] Für diesen Mißstand macht er das sie "tragende pädagogische System und die dahinterstehende gesellschaftliche Wirklichkeit"[48] verantwortlich und fordert eine "Veränderung des Bezugsrahmens Schule"[49]. "Er muß auf den Schüler, sein derzeitiges und künftiges Leben eingerichtet werden, indem dieser zunehmend selbst bestimmt, wie weit oder wie eng er seine Lernprozesse fassen will und wie intensiv er sich der Lernmittel und der Lehrpersonen bedienen möchte"[50].
Diese Veränderung des Bezugsrahmens Schule könnte dann dazu beitragen, "aus bisher wenig produktiven Bildungsstätten Stätten der Kreativität hervorzuzaubern"[51].
Ein anderer Faktor, der zur Erzeugung der Kreativität unabdingbar ist, ist der, "daß Kinder ohne Angst und Schuldgefühle und mit der Selbstvertretung ihrer eigenen Ansprüche aufwachsen können"[52], was den Verzicht auf "Autorität in der Erziehung"[53] voraussetzt. Gleichzeitig wird jedoch die Begabung mit der "Kreativität" in Beziehung gesetzt, wie folgendes Zitat verdeutlicht: "Die Äußerung der Begabung als kreatives Verhalten ist abhängig von der Beeinflußbarkeit des Individuums, dem Impulse für solche Änderungen vermittelt werden müssen, vor allem in der Form fundamentaler Bestärkung"[54]. Dies soll nach Gamm, der wohl positiv darauf rekurriert, zu Folgendem führen: "Wenn die progressiven Kräfte der Gesellschaft die Öffnung des Begabungspotentials durchsetzen und zum Primäraspekt der sozialen Wirksamkeit machen, dann müßte

eine gewaltige Quelle bisher abgedeckter Kreativität aufbrechen und alle in einen Strom der Veränderung ziehen".[55] Abgedeckt war diese Kreativität bisher, weil "unter dem schulischen Leistungsaspekt eine Ausbeutung der Kreativität für industrielle Zwecke"[56] erfolgt. Es wird schon durch diese Beispiele ersichtlich genug, daß die "Kreativität", die einerseits die Zuwendung zum Schüler, andererseits in der Eröffnung der Möglichkeit "selbst zu bestimmen" und die "Selbstvertretung" der eigenen Ansprüche zu übernehmen liegt, einer Forderung nach inhaltlich unbestimmten, jedoch "selbstbestimmten" oder "aus-sich-selbst" erzeugten Bedürfnissen gleichkommt. Noch etwas pointierter kommt bei H.-J. Krahl diese Forderung heraus, insofern er von der "Entfaltung der Phantasie und der schöpferischen Tätigkeit der Menschennatur"[57] spricht. Hierin liegt indes der spezifische Unterschied zur sokratischen Methode, den wir nun etwas genauer bestimmen können. Vorher haben wir nur darauf hinweisen können, daß von den "emanzipatorischen" Vertretern ausschließlich solche, die "Emanzipation" verhindernden Bedingungen zugelassen werden, die im gesellschaftspolitischen Feld bzw. in den gesellschaftlichen Institutionen anzusiedeln sind. Sokrates geht dagegen davon aus, daß sehr wohl individuelle anthropologische Bedingungen, nämlich solche intellektueller Art (kognitive Motivation) und psychisch-charakterlicher Art (Selbstzuschreibung der Erkenntnisse) den Zielen der mäeutischen Pädagogik im Wege stehen können.
Diese Verhinderungen liegen dann weder im gesellschaftlichen, noch im Lehrer-Schüler Bereich, sondern beim Schüler selbst, der damit entweder der sokratischen Kunst nicht bedarf bzw. von ihr ausgeschlossen bleibt. Fragt man sich, warum Sokrates, wie wir jetzt erkennen, im Gegensatz zu den "emanzipatorischen" Vertretern so stark auf der Forderung, daß die Ergebnisse der mäeutischen Kunst nicht "sich selbst" zugeschrieben werden dürfen, besteht, so sind uns vielleicht die beiden Autoren Lasch und Kohut behilflich. H. Kohut, der sich als Psychoanalytiker mit dem Problem der Behandlung narzißtischer Persönlichkeitsstörungen befaßt, schreibt: "Ein gewisses schöpferisches Potential - wie begrenzt dies auch immer sein mag - liegt im Erfahrungsbereich vieler Menschen, und die narzißtische Natur des schöpferischen Aktes (die Tatsache, daß der Gegenstand schöpferischen Interesses mit narzißtischer Libido besetzt ist) kann durch gewöhnliche Selbstbeobachtung und Einfühlung nachvollzogen werden"[58]. Haben wir aber vorher die emanzipatorische Forderung nach "Kreativität" und "Spontaneität" als eine auf "schöpferische Tätigkeit" und "selbstbestimmte" Entscheidung herausgestellt, so drängt sich notwenig der Verdacht auf, daß, wenn der "Gegenstand schöpferischen Interesses mit narzißtischer Libido besetzt ist", die positive Quelle der Kreativität, die da nach Gamm hervorbrechen wird, eher als eine Schreckensvision vorzustellen wäre, insofern sie uns in den Strom subjektiver und irrationaler Egoismen hinabziehen muß.
Christopher Lasch, ein amerikanischer Sozialkritiker und Professor für Geschichte, befaßt sich - am Beispiel der amerikanischen Gesellschaft - mit dem für die westlichen Industriegesellschaften spezifischen Menschentypus, dem Narzißten. Anhand seiner Analyse, die sich in diesem Zusammenhang auf die Bekenntnisliteratur bezieht, können wir präzisieren, was die Folgen dieser narzißtischen Triebziele bedeuten. Er sagt: "Die besten Arbeiten dieses Genres (der Bekenntnisliteratur, d. Verf.) versuchen jedoch, eben durch Selbstenthüllung

eine kritische Distanz zum Ich aufzubauen ..." und fährt weiter unten fort: "Und doch weist die wachsende wechselseitige Durchdringung von Literatur, Journalismus und Autobiographie unbestreitbar auch darauf hin, daß viele Autoren es für immer schwieriger halten, jene für die Kunst unerläßliche Distanzierung zustande zu bringen"[59].

Der Verlust der Distanzfähigkeit ist also die Folge dieser libidinösen "Selbstsetzung", woraus sich notwendigerweise Auswirkungen auf die "emanzipatorische" Theorie ergeben müssen. Daß Sokrates diesen Verlust an Distanzfähigkeit im Auge gehabt haben muß, ist ziemlich eindeutig. Indem er den Theaitetos ermahnt, nicht so zu reagieren, "wie die Frauen es bei der ersten Geburt zu tun pflegen", drückt er aus, daß die normale Geburt, die natürlich unvermeidlich geknüpft ist an die Vorstellung eines "schöpferischen Aktes" oder einer "Aus-sich-selbst-Erzeugung", die Distanzunfähigkeit besonders in sich birgt. (Hier wirkt sehr häufig bei den Eltern eine aufgrund sekundären Narzißmuß' gewonnene Beziehung zum "eigenen" Kind). Die nachfolgende Beschreibung der falschen Reaktion auf die Verwerfung einer Meinung zeigt ebenfalls, daß die Besetzung dieser Meinung narzistisch-libidinös gewesen sein muß, wenn dies geschehen kann: "Denn schon viele, mein Guter, sind so gegen mich aufgebracht gewesen, wenn ich ihnen eine Posse abgelöst habe,daß sie mich ordentlich hätten beißen mögen, und wollen nicht glauben, daß ich das aus Wohlmeinen tue, weil sie weit entfernt sind einzusehen, daß kein Gott jemals den Menschen mißgünstig ist und daß auch ich nichts dergleichen aus Übelwollen tue, ..."

Die Reaktion auf die Verwerfung von libidinös besetzten Meinungen eröffnet uns darüber hinaus die Möglichkeit einer weiteren Anmerkung. Wenn die vorher charakterisierte Distanzunfähigkeit, die eigene Meinung betreffend, vorliegt, so kann sich, wollen wir der Darstellung Sokrates' folgen, die durch die Verwerfung notwendig entstehende Frustration sehr leicht aggressiv gegen denjenigen richten, der – wie Sokrates – die Meinung aus rationalen Gründen verwirft.

Da wir den "emanzipatorischen" Vertretern jedoch nachweisen konnten, daß sie die libidinöse bzw. distanzunfähige Position zumindest fördern, indem sie die Frage gar nicht reflektieren, müssen wir zusätzlich die Gefahr der Aggressivität bzw. Gewalt gegen Andersdenkende – auch und vielleicht gerade dann, wenn diese sich um widerspruchsfreie Nachweise bemühen – befürchten, die das Resultat solcher Frustrationserfahrung sein kann.

4.2 "Lerntheoretische" Pädagogik: Pädagogik als Problemlösungsstrategie

Die "lerntheoretisch" orientierten Ansätze in der modernen Pädagogik gehen von verschiedenen psychologischen Lerntheorien aus. W. Correll stellt in seinem Buch "Lernpsychologie" die drei für die Pädagogik bedeutendsten psychologischen Lerntheorien vor und versucht, im "Deken als Lernprozeß"[60] eine Synthese dieser Ansätze herzustellen.

J.P. Pawlow ist einer der wichtigsten Vertreter der Auffassung des Lernens als bedingter Reaktion. Er ging in seinen Versuchen so vor, daß er einen hungrigen Hund füttern ließ und das durch die Speicheldrüsen des Tieres abgesonderte Sekret über eine Röhre in einem Behälter zu Meßzwecken sammelte. Jedesmal, wenn das Tier gefüttert wurde, ließ er eine Glocke ertönen, damit eine Assoziation zwischen dem Glockenton und der Speichelsekretion aufgebaut werden konnte.

Nach ca. 25 Wiederholungen war diese Assoziation auch aufgebaut und die Speichelsekretion trat in der gleichen Stärke auf, wenn nur die Glocke ertönte. Correll schreibt dazu: "Dies bedeutet, daß zunächst der unbedingte Stimulus (S) (Futter) die unbedingte Reaktion (R) (Speichelsekretion) zur Folge hatte, während nach den Wiederholungen der bedingte Stimulus (S_1) (Glockenton) die bedingte Reaktion (Speichelsekretion als Reaktion auf Glockenton) hervorbrachte ... Dieser Vorgang der Konditionierung einer Bewegung durch einen Stimulus ist ein Lernakt"[61].

Die bedingte Reaktion, die durch Konditionierung erzielt werden kann, baut sich jedoch wieder ab, wenn der unbedingte Stimulus nicht mehr erfahren wird oder wenn über längere Zeit keine Übung mehr erfolgt. Das bedeutet, daß die Konditionierung durch Übung zustande kommt und ebenfalls nur durch Übung erhalten bleiben kann. Diese erste Lerntheorie wird von Correll allerdings kritisiert, weil sie ein Üben in immer gleicher Weise vertritt, während es sich beim Üben und Wiederholen in der Schule um "Wiederholungen in neuen Situationen handeln" muß, "die eine andere Motivation ermöglichen"[62]. Der zweite Kritikpunkt bezieht sich auf den Aspekt der Einsicht, der durch diese Lerntheorie nicht berücksichtigt wird: "Dieser Aspekt der Einsicht in eine Situation blieb – wie auch der Aspekt des Erfolgs – bei dieser ersten Lerntheorie unberücksichtigt. Sie betont lediglich die Notwendigkeit der Übung im Sinne der Kontiguität der Prozesse, übersieht jedoch dabei, daß diese Übung zu einem nicht unbeträchtlichen Teil unnötig wird, wenn der Lernende die betreffende Situation versteht".[63] Diese Mängel werden nach Correll "z.T. durch die zweite Interpretation des Lernens überwunden".[64] Diese zweite Interpretation ist die des Lernens durch Versuch-Irrtum und Erfolg (trial and error), deren Vertreter u.a. Thorndike, Hull und Skinner sind. Aus der Abnahme der bedingten Reaktion bzw. des Erlöschens der Konditionierung aufgrund des Wegfalls des unbedingten Stimulus wird gefolgert, "daß der Organismus eine Fähigkeit haben muß, eine Verbindung zwischen einem Akt und dessen Ergebnis zu empfinden".[65] Mit anderen Worten heißt dies, daß eine "Rückempfindung des Erfolgs einer Handlung (im Sinne der Befriedigung eines Bedürfnisses)"[66] angenommen werden muß, will man das Erlöschen der Konditionierung erklären. Dieses "feed-back" oder die Rückkoppelung ist aber das eigentliche Prinzip des Lernens am Erfolg. Als Beispiel für eine solche Rückkoppelung wird nicht nur bei Correll[67], sondern auch bei Oerter[68] die Funktionsweise eines Thermostaten angeführt, der die gewünschte Temperatur konstant erhält, indem bei Absinken oder Übersteigen des gewünschten Temperaturwertes die Heizung in Aktion bzw. außer Aktion gesetzt wird.

Thorndike benutzte für seine Versuche sogenannte Problemkäfige, aus denen sich die Tiere nur befreien konnten, wenn sie bestimmte Mechanismen bedienten. Durch seine Versuche entdeckte Thorndike die enorme Bedeutung der Motivation für das Lernen: "Er fand, daß Tiere, deren Bedürfnisse mehr oder weniger befriedigt waren, schlechte Versuchstiere waren, da sie keinerlei Versuche zu ihrer Berfreiung unternehmen wollten. Dagegen eigneten sich diejenigen Tiere am besten für die Versuche, für die die Befreiung aus dem Käfig ein starkes Motiv darstellte, weil sie etwa heftigen Hunger empfanden, sich mit ihrer Herde vereinigen wollten etc.".[69] Die Art und Weise der Befreiungsaktivitäten, die die Tiere unternahmen, verliefen nach dem schon erwähnten Prinzip des "trial and error". Zuerst führten die Tiere völlig planlose, zufällige Bewegungen aus, um sich zu befreien, bzw. die Befriedigung des der Motivation zugrunde liegenden Bedürfnisses zu erreichen. Schließlich war unter diesen Bewegungen auch eine, die den gewünschten Erfolg brachte und zur Herabsetzung der Bedürfnisspannung führte, woraus Thorndike schloß, daß jedem Lernvorgang eine solche "trial and error" Phase vorausging. Daß auch das menschliche Handeln vom "trial and error" Prinzip bestimmt ist, haben nach Correll die Versuche Kelloggs ergeben.[70] Gleichzeitig konnte Thorndike feststellen, "daß die Zeit für das "trial and error" in dem Maße verkürzt wurde, in welchem die Zahl der Wiederholungen der Versuche zunahm. ...Sie haben mithin "am Erfolg gelernt"". [71] Die beiden Lerngesetze, zu denen Thorndike aufgrund seiner Experimente gelangt, sind das "Frequenzgesetz und das Effektgesetz".[72] Nach Correll besagt das Frequenzgesetz, daß "eine Konnexion zwischen einem Stimulus und einer Reaktion durch Wiederholung verstärkt wird, während sie durch mangelnde Repetition geschwächt wird. Nach dem Effektgesetz, welches das wichtigere von beiden ist, wird eine Konnexion verstärkt, wenn die Reaktion zu einem befriedigenden Resultat für den Organismus führt. Ein befriedigendes Resultat nennt Thorndike einen positiven Nacheffekt, während ein unbefriedigendes Resultat einen negativen Nacheffekt darstellt".[73]

Die Motivation, die in diesen beiden ersten Lerntheorien dem Prozeß des Lernens zugrunde gelegt wird, finden wir bei R. Oerter als "Motivationsgeschehen als Triebreduktion"[74] wieder. Dabei gehören die angeborenen Bedürfnisse nach z.B. Nahrung und Wasser nach Oerter zum "primären Motivationssystem".[75] "Das primäre Motivationssystem gehorcht dem Lust-Unlust-Prinzip, d.h., man sucht sofort und ohne Verzögerung Lust zu gewinnen und meidet unmittelbar Unlust (Schmerz), ohne die Möglichkeit zu besitzen, einen solchen Zustand vorübergehend zu dulden. Dieses Motivationssystem ist blind gegenüber den Erfordernissen der Umgebung, ja selbst gegenüber den Gefahren fürs eigene Leben. Freud beheimatet diese Prinzip im Es, der ältesten Schicht in der menschlichen Psyche".[76]

Skinner nun geht über die Erkenntnisse Thorndikes insofern hinaus, als er zwei Arten des Verhaltens unterscheidet: "Auf der einen Seite nennt er -ganz im Sinne unserer ersten Lerntheorie - das durch bestimmte Stimuli hervorgerufene oder "reaktive" Verhalten, und zum anderen kennt er das "operative" Verhalten".[77] Skinner definiert operatives Verhalten "als einen Begriff, der betont, daß das Verhalten auf die Umwelt einwirkt und bestimmte Folgen hervorruft. Diese Folgen bestimmen die Eigenschaften, durch die Verhaltensformen einander ähnlich genannt werden können. Wir werden diesen Begriff benutzen, ... um diejenige Form des Verhaltens zu bezeichnen, die durch ihre Folgen bestimmt wird".[78] Im Gegensatz zu Thorndike, der mit einer Verknüpfung von Stimulus und Respons durch Erfolgserlebnisse arbeitet, zeigt Skinner, daß für die Verstärkung des operativen Verhaltens kein Stimulus notwendig ist. Es wird nach Skinner lediglich durch ein erfolgreich ausgeführtes operatives Verhalten die Tendenz der Verhaltensform verstärkt, sich häufiger darzustellen. Er sagt: "Wir verstärken ein operatives Verhalten in dem Sinn, daß wir eine Verhaltensform wahrscheinlicher, oder genauer, häufiger, auftreten lassen".[79] Nach Correll ist dieser "Vorgang der Verstärkung eines operativen Verhaltens" "Lernen im Sinne Skinners oder "operatives" Konditionieren"".[80]

Auch die Skinnersche Auffassung vom Lernen fällt noch immer - der Einteilung Oerters zufolge - mit der "Motivation als Triebreduktion" zusammen. Hier liegt jedoch - besonders in der durch Skinner vorgenommenen Übertragung auf das schulische Lernen - nicht das "primäre", sondern das "sekundäre Motivationssystem" zugrunde. Sekundär sind die Motive oder Bedürfnisse, die nicht angeboren sind, sondern im Laufe der Entwicklung erworben werden. Sie überlagern das "primäre Motivationssystem". Oerter sagt: "Das sekundäre Motivationssystem wird demgegenüber durch das Erfolgs-Mißerfolgsprinzip gesteuert. Um des Erfolgs willen vermag man nun Gefahren, Unannehmlichkeiten und Aufschub von Lust auf sich zu nehmen. ...Nur solange solche Bedürfnisse wirksam sind, ist der Organismus aktiv. Sind diese Bedürfnisse abgeklungen, so wird das Verhalten eingestellt".[81]
Die dritte von Correll angeführte Lerntheorie ist die aus der Gestaltpsychologie kommende Auffassung des Lernens durch Einsicht. Correll sagt: "Charakteristisch für das Lernen durch Einsicht im Sinne der Gestaltpsychologie ist also, daß die Lösung des Lernproblems, die Überwindung der erlebten Schwierigkeit, plötzlich, durch einen "Einfall" erfolgt".[82] Den Grund, warum es bei den Thorndikeschen Versuchen zu einem "blinden Probieren", also zu "trial and error" Verhalten gekommen ist, sieht Correll darin, daß die Tiere vor "so komplizierten Aufgaben" standen, "daß ihre geistigen Fähigkeiten nicht hinreichten, um die Zusammenhänge zu durchschauen".[83]
Die Bedingung für einsichtiges Lernen und Verhalten wird darin gesehen, "daß der Lernende in der Lage ist, die Situation zu durchschauen".[84] Wenn der Lernende aber in dieser Weise die Situation durchschauen kann, so kann er sie auch strukturieren. Das einsichtige Lernen ist demnach "nichts anderes als ein verinnerlichtes "trial and error": Wenn wir die Beziehungen zwischen den Teilen einer Situation erfassen, geht dem ein schnelles Experimentieren, Probieren, Zusammenhalten, Verwerfen - kurz ein Umgehen mit den Dingen nach dem Prinzip von Versuch und Irrtum auf der Vorstellungsebene voran".[85]
Den Versuch einer Synthese dieser drei grundlegenden Lerntheorien sieht Correll im "Denken als Lernprozeß" gegeben. Correll sieht das typische menschliche Verhalten - im Gegensatz zu dem der Tiere - "vor allem dadurch charakterisiert, daß das menschliche Verhalten immer wieder in einen Konflikt mit den Gegebenheiten der Umwelt gerät, ...".[86] Daher ist der Mensch gezwungen "nachzudenken, in welcher Weise er das Hindernis zu überwinden gedenkt und sein Handeln fortsetzen möchte. In dieser "Handlungspause" vollzieht sich, was wir mit Denken bezeichnen".[87] Um den Denkvorgang genauer untersuchen zu können und die Synthese der beschriebenen Lerntheorien finden zu können, bezieht sich Correll auf die Analyse des Denkaktes nach John Dewey. Dieser schreibt: "Erstens, man begegnet einer Schwierigkeit; zweitens, sie wird lokalisiert und präzisiert; drittens, Ansatz einer möglichen Lösung; viertens, logische Entwicklung der Folgen des Ansatzes; fünftens, weitere Beobachtung und experimentelles Vorgehen führen zur Annahme oder Ablehnung".[88]
Der erste Punkt, den auch Correll betont, ist die Begegnung mit einer Schwierigkeit. Ein Konflikt ist allerdings auch von den drei genannten Lerntheorien als Beginn des Lernprozesses angenommen worden. Correll sagt: "Ohne diesen Schritt wäre weder eine Motivation zum Lernen noch ein Impuls zum Denken möglich".[89] Diese erste Bedingung des Lernens sieht Correll jedoch unter

der besonderen Schwierigkeit menschlichen Wahrnehmens, das immer subjektiv ist. Zur Verdeutlichung dieses Zitat: "Die Frage ist jedoch, in welcher Weise wir die Situation an dieser Stelle erfahren, d.h. wie unser Wahrnehmen bereits durch die jeweils besondere Weise unseres In-der-Welt-Seins bestimmt wird! Von der Beantwortung dieser Frage hängt letztlich auch ab, zu welchem Ergebnis unser Denken - und damit das Lernen - gelangt, weil die Wahrnehmung uns das Material des Prozesses liefert: ...".[90] Nicht nur diese Vorbedingung der Wahrnehmung, sondern ebenfalls die Stimmungslage und die Gestaltgesetze werden von Correll als "bedingende Faktoren" aufgeführt. Aufgrund dieser Konstellation betont er, daß "der erste Schritt des Denk-oder Lernaktes notwendig von Subjekt zu Subjekt verschieden sein"[91] muß. Die ersten beiden Schritte der Deweyschen Analyse des Denkaktes stehen nach Correll unter dieser Bedingung des Subjektivismus: "Was also die Gestaltpsychologie im Lernen durch Einsicht (Lerntheorie Nr. 3) betonte, finden wir wieder in der ersten und zweiten Phase des Denkaktes, insofern wir hier den Widerstand gegen das Handeln gemäß den Bedingungen unseres Wahrnehmens strukturieren und deuten".[92] Den dritten Schritt des Denkaktes, den Ansatz einer möglichen Lösung, sieht Correll in der zweiten Lerntheorie, dem Prinzip von "trial and error", gegeben. Hier betont er jedoch die spezifische Art des "trial and error" beim Menschen, die sich gemäß Lerntheorie drei als innerer Prozeß artikuliert. Er sagt: "Nach allem, was wir nun über die dritte Phase des Denkaktes gehört haben, erscheint es als berechtigt, dieses Zentrum des Denkaktes als ein "inneres trial and error" zu bezeichnen".[93] Die vierte Phase des Denkens zeigt, "daß die Verhaltensform, die in der dritten Phase entworfen wurde, noch nicht praktiziert wird, sondern erst noch einem "inneren" Test der Bewährung unterworfen werden muß. Wie bei der Lerntheorie Nr. 2, so richtet sich auch hier die Bewertung des Verhaltens nach seiner Bewährung".[94] Zugleich bemerkt Correll, daß die Kategorien für diese Bewertung selbstverständlich nicht a priori sind, "sondern aus der Erfahrung gewonnen, weshalb sie, wie das Wahrnehmen selbst, immer das Element der Subjektivität in sich tragen".[95] Trotz dieser Schwierigkeit glaubt er, daß die neue Verhaltensform erst dann vollzogen wird, wenn sie logisch als möglich eingesehen wird. Erreicht wird nach Correll, "daß nur zweckmäßiges Verhalten gelernt, d.h. hier angewandt und eventuell mechanisiert wird, was ja beim Lernen nach der Lerntheorie Nr. 1 (bedingte Reaktion) nicht der Fall war".[96] Aufgrund dieser Vorgaben der Lerntheorie Nr. 1 kommt Correll zu der Ansicht, daß man "ein solches Lernen "blind" nennen" kann, "dem das Lernen im Sinne dieses Denkaktes als "kritisches" Lernen gegenübersteht".[97] Der fünfte Schritt des nach Dewey analysierten Denkaktes ist nichts anderes als das Handeln selbst, in dem "die Richtigkeit des Entwurfs erwiesen werden kann".[98]

Durch diesen Rekurs auf die Lerntheorie ergeben sich einige Parallelen zur sokratischen Voraussetzung der Mäeutik. Die Motivation ist in der "lerntheoretischen" Konzeption, ebenso wie in der Sokrates', die Voraussetzung bzw. die Grundlage der Gesprächsführung. Die Herausstellung der Art der Motivation, die Sokrates fordert, hat erwiesen, daß die Komponenten der affektiven und kognitiven Motivation in einer bestimmten Konstellation vertreten sein müssen. Die affektive Motivationsebene finden wir in der Lerntheorie wieder als die erste Phase des Denkaktes, der Erfahrung eines Konflikts. Wie durch den platonischen Dialog "Theaitetos" belegt, führt diese affektive Motivation bei

Theaitetos auch zu einer Strukturierung des Problems. Die Strukturierung unterscheidet sich jedoch eindeutig von der Konzeption Corrells, insofern nämlich als sie nicht am zu überwindenden Konflikt festgemacht wird, sondern an einem anderen Problem (mathematisches Problem), da das Problem der Erkenntnis, welches für den Konflikt verantwortlich ist, nicht einfach analog zu strukturieren erschien. Durch diese noch nicht vom Schüler vorgenommene Strukturierung des zu erörternden Problems ist allerdings eine gewisse Distanz zum Problem selbst geschaffen, die es Sokrates ermöglicht, von Theaitetos zu fordern, er möge eine Vermutung über die Lösung der Frage äußern, damit diese Vermutung im rationalen Sinne geprüft werden kann.[99] Diese Distanz wird jedoch von Correll nicht berücksichtigt, da er die Subjektivität der Wahrnehmung der Schwierigkeit, sowie die Subjektivität der Vorstrukturierung in eins zusammenzieht, indem er sagt: "Durch diese Intention oder Einstellung des Subjekts kommt es überhaupt erst zu dem "Strukturieren" der Situation, wovon die Gestaltpsychologie spricht; erst hierdurch entsteht – in K. Lewins Terminologie – das "Feld" der Bedeutung des Wahrnehmungsbereiches"[100] Durch diesen Vergleich können wir schon vermuten, daß es sehr wahrscheinlich schwieriger sein wird, eine falsche, subjektive Vermutung abzubauen, als eine noch nicht am Problem selbst vorgenommene Strukturierung als "falsch" abzuweisen. Die weiteren Stufen des Denkaktes werden in der Lerntheorie auf der Basis eines zu lösenden Konflikts betrachtet. Dabei geht es nach Correll darum, daß die bisherigen Erfahrungen "die neue Situation als Widerstand gegen sich erscheinen" lassen und "ihre Veränderung mit dem Ergebnis der Angleichung"[101] fordern. Weiterhin sagt er ausdrücklich: "Der angeeignete Stoff dient jeweils als ein Mittel zur Bewältigung einer vorher erlebten, inneren Spannung".[102] Demnach liegt auch das Wesen der Motivation darin, "daß sie zur Definition des Problems, zum Ziel, hinstrebt, um auf diese Weise zu einer Reduktion der entstandenen Bedürfnisspannung zu führen und damit, auf der 5. Stufe, zu einem vorläufigen Abschluß des Lernprozesses zu gelangen".[103] Insofern soll es auf der dritten Stufe ermöglicht sein, "daß jeder Schüler die Möglichkeit erhält, seine Vorstellungen über die Lösung des erfahrenen Problems tatsächlich zu äußern, Versuche anzustellen, Experimente durchzuführen, verschiedene Übungsformen auszuprobieren etc".[104] Die Konsequenz der Tatsache, daß – wie ich vorher betont habe – die dritte Phase des Lernens an die subjektive Strukturierung zurückgebunden ist, liegt nicht nur in der Möglichkeit des Schülers, eigene Lösungsversuche zu benennen und "auszuprobieren", sondern ebenfalls in dieser Forderung an den Lehrer: "Dennoch sollte der Lehrer gerade hierzu den Mut haben und die Bereitschaft entwickeln, gemeinsam mit den Lernenden neue Wege zu Lösungen zu entdecken, auch und gerade wenn sie ungewöhnlich sind (alles Neue ist schließlich zunächst ungewöhnlich!)".[105] Implizit ist durch diese Sätze ausgedrückt, daß es neue Wege gibt, die man finden kann, sowie, daß kein Maßstab vorhanden ist, an dem die Wege der Lösung eines Problems sich festmachen ließen, denn sonst würde wohl nicht an den Mut des Lehrers, sondern an dessen haltbares Wissen appelliert werden müssen. Der Unterschied zur sokratischen Methode liegt also darin, daß Sokrates auf die rationale Überprüfung der verschiedenen Vermutungen oder Lösungsmöglichkeiten aufbaut, nicht jedoch auf den Mut zu Neuerungen, bloß weil die Lösungen ungewöhnlich sind. Wenn aber die Ansätze der Lösung auf der dritten Stufe in der so herausgestellten Weise gewonnen werden, so nützt es auch nicht mehr viel, daß nach Correll auf der vierten Stufe des Unterrichts eine Überprüfung der logischen Richtigkeit der Lösungsmöglichkeiten des Problems ins Zentrum gerückt wird.[106]

Es erhebt sich die Frage, woher die Beurteilungskriterien der "logischen Richtigkeit" der Lösungsmöglichkeiten kommen sollen, wenn sie auf der Stufe des dritten Lernprozesses nicht ins Blickfeld geraten sind. Dagegen betont Correll, daß die Kinder sich auf dieser Stufe nicht mehr begnügen "mit der Aufzählung verschiedener sich teils widersprechender Lösungsmöglichkeiten, sondern sie befassen sich mit der Auswahl derjenigen Vorstellungen, die die größten Erfolgsaussichten versprechen".[107] Ganz davon abgesehen, daß es fraglich erscheint, ob Kinder die Widersprüchlichkeit der Lösungsmöglichkeiten überhaupt erkennen, bleibt noch die Frage offen, unter welchem Aspekt, wenn nicht unter dem der Anwendung der Rationalität, die Erfolgsaussichten richtig eingeschätzt werden können.

Die fünfte Phase des Denkaktes ist nun nichts anderes als "die Anwendung der bisher entwickelten Hypothese in der realen Situation".[108] Da wir aber herausgefunden haben, daß die zwar durchaus im Sinne der sokratischen Methode vergleichbaren Voraussetzungen des "lerntheoretischen" Ansatzes ohne die Hilfe eines haltbaren Maßstabs angewandt werden, unterscheidet sich - so können wir vermuten - diese fünfte Phase des Lernens wahrscheinlich keineswegs von der vorher als "blind" gekennzeichneten Verhaltensweise nach dem Prinzip des "trial and error". Ohne die Anwendung der Rationalität als Maßstab der Prüfung der Lösungsmöglichkeiten sind die Schüler und ebenfalls die Lehrer genauso überfordert, wie die Thorndikeschen Katzen, denen nichts anderes übrig bleibt, "als durch "blindes Probieren" ans Ziel zu kommen".[109]

4.3 Folgen der modernen Pädagogik: Der Verlust des "höheren" Unterscheidungsvermögens

In diesem Kapitel möchte ich nun auf die Folgen eingehen, die aus den Abweichungen vom sokratischen Modell abzusehen sind. Den "lerntheoretischen" Ansatz habe ich als Parallele zur sokratischen Mäeutik behandelt, weil auch in der "Lerntheorie" die enorme Bedeutung der Motivation für das Lernen herausgestellt wird. In der Darstellung der sokratischen Mäeutik haben wir die besondere Konstellation der Motivation, die Sokrates Aufschluß über die Schwangerschaft des Theaitetos gibt, darstellen können. Wir haben gesehen, daß diese Motivation auf der einen Seite darin bestanden hat, daß Theaitetos ein affektiv motiviertes Interesse an dem Problem der Erkenntnis gehabt hat. Auf der anderen Seite jedoch hat sich seine Bereitschaft, das Problem selbst kognitiv anzugehen, darin ausgedrückt, daß er die Strukturierung des Lösungsansatzes an einem logischen Problem aus der Mathematik festgemacht hat. Diese kognitive Motivation haben wir aber als die überlagernde Motivationsebene herausstellen können, da Sokrates in der Darstellung der Mäeutik, sowie in der späteren Gesprächsführung gerade die kognitive Ebene stärkt bzw. auf diese aufbaut. Die Parallele des "lerntheoretischen" Ansatzes zur sokratischen Mäeutik liegt, wie wir durch die Analyse des Correllschen Ansatzes sehen können, einzig in der ersten Phase des Denkaktes, insofern tatsächlich eine Schwierigkeit oder ein Interesse an einem Gegenstand vorhanden sein muß, um sich überhaupt mit diesem - in welcher Form auch immer - beschäftigen zu wollen. Diesem Interesse, bzw. der Tatsache, daß man auf ein Problem erst aufmerksam wird, es also in das "Feld" des Wahrnehmungsbereichs fällt, liegt eine affektive Motivation zugrunde. Diese affektive Motivation betonen auch die "Lerntheoretiker", wenn sie von der Subjektivität der Wahrnehmung sprechen. Die Strukturierung, die Theaitetos als Lösungsweg beschreibt, gehört aber schon nicht mehr dem Bereich des Subjektiven an, da er sie ja an dem logischen bzw. wissenschaftlichen Weg der Erkenntnisfindung festmacht, während in der Corellschen Fassung des Denkaktes die Strukturierung des Problems weiterhin subjektiv orientiert bleibt. Die Folge dieser kognitiven Motivation des Theaitetos ist die Tatsache, daß er sich, weil er schon rational orientiert ist, auf dieser Grundlage zusammen mit Sokrates auf die Suche nach haltbaren Aussagen über das Problem begeben kann. Ist die Vorstrukturierung eines Problems jedoch weiterhin subjektiv, so kann man von einer wirklichen Suche nicht sprechen, da diese nur auf der Basis eines Wissens um rationale Kriterien angetreten werden kann. Darüber hinaus bleiben auch die "Ansätze einer möglichen Lösung", die nach Corell auf der dritten Stufe des Lernaktes durchgespielt werden sollen auf der Basis der Subjektivität. Erst im vierten Schritt soll die "logische Richtigkeit" ins Zentrum gerückt werden. Als Folge dieser recht späten Berücksichtigung der Logik, dürfen wir vermuten, daß bis zu diesem Zeitpunkt schon eine affektive Verstrickung bzw. eine Identifizierung mit der je eigenen Sichtweise und Auslegung des Problems stattgefunden hat, die wohl schwerlich wieder abgebaut werden kann. Hier könnte man verstehen, daß die Schüler - mit Sokrates gesprochen - wie die Frauen bei der ersten Geburt reagieren, wenn nun plötzlich ihr eigener Lösungsansatz verworfen werden müßte. Da Sokrates die Schwierigkeit, die mit dem Verwerfen einer Meinung zusammenhängt, auch schon unter der Bedingung des von vornherein rationalen Vorgehens so sehr betont, kann man sich vorstellen, daß diese um so größer wird, je länger der subjektive Ansatz beibehalten werden darf. Bei Corell findet sich hingegen an keiner Stelle die Betonung einer solchen, durch zu starke affektive Motivation auftretenden Schwierigkeit, woraus man schließen müßte, daß die Frage nach der "logischen Richtigkeit" nicht mit der sokratischen Methode vergleichbar ist. Erinnern wir uns aber daran, daß diese "logische Richtigkeit" nach Corell zusammenfällt mit der Auswahl "derjenigen Vorstellungen, die die größten Erfolgsaussichten versprechen", dann wird vielleicht deutlicher, warum die Schwierigkeiten des Lernens, die nach Sokrates in der mangelnden Distanz zum Problem liegt, nicht berücksichtigt wird. Wenn die Überprüfung der "logischen Richtigkeit" nur im Sinne einer besten Strategie, das Problem zu lösen, liegt, dann kann in der Tat die Schwierigkeit, zu "richtigen" oder "wahren" Erkenntnissen zu gelangen, nicht ins Auge fallen. Das Ziel des Denkens wäre demnach nur ein Mittel, um die Schwierigkeiten, die das menschliche Dasein mit sich bringt, am erfolgreichsten überwinden zu können. Ist dies aber der Fall, dann braucht natürlich das Problem selbst scheinbar nicht nach den Kriterien der Rationalität definiert bzw. analysiert zu werden, sondern es müssen nur die Lösungsmöglichkeiten im Sinne der Erfolgsaussichten logisch richtig sein. Dies würde allerdings erklären, warum die logische Überprüfung im Corellschen Ansatz einen so späten Platz zugewiesen bekommt. Die Folge dieses pädagogischen Ansatzes wäre die Tatsache, daß nur scheinbar zu Lösungen geführt werden kann, indem auf diese Weise nur zu pragmatischen Verhaltensmustern bzw. am Erfolg orientierten Verhaltensweisen gelangt werden kann. Im Prinzip des Erfolgs, der das eigentliche Ziel des Denkens oder Lernens ausmacht, drückt sich aber schon aus, daß es nicht um "wahre" Erkenntnisse über die Dinge geht, die ja möglicherweise zu Handlungen veranlassen müßten, die weniger erfolgreich erscheinen. Der Erfolg der sokratischen Mäeutik liegt indes darin, daß man die Dinge selbst erkennen muß, will man sich adäquat oder im Sinne des "wahren" Erfolgs zu ihnen verhalten können. Wird der Erfolg aber auf der Basis subjektiver Kriterien logisch erwägt, muß man die starke Vermutung haben, daß diese Art von Erfolg letztlich nichts anderes ist als Ansehen.[110] Sogenanntes Ansehen kann man sich allerdings nicht selbst verleihen, sondern dies wird durch die Umgebung zuerteilt. Da die empirische Umgebung bzw. die Menschen, bei denen man sich Ansehen erwerben will, aber nicht unbedingt im Sinne des "wahren" Guten orientiert sind, heißt das, daß man sich den jeweils empirischen Menschen im Sinne ihrer eigenen Ziele andienen muß, will man auf den Erfolg oder das Ansehen nicht verzichten.

Die größtmögliche Problematik des Correllschen Ansatzes erblicken wir damit in der Haltlosigkeit der Kriterien, für das, was Erfolg als solcher ist. Sind diese Kriterien aber haltlos, also ohne Maßstab, dann sind sie auch beliebig austauschbar. Der Mensch wird somit nicht durch die Möglichkeit der Konditionierung Opfer oder williges Werkzeug verschiedener Interessen, sondern dadurch, daß er sich vom obersten Prinzip seiner Handlungen nicht lösen kann: dem sozialen Erfolg. Dieses Grundproblem, was Sokrates durchaus sieht, indem er die Gefahr der libidinösen Verstrickung erkennt, wird jedoch durch die Konzeption der Lerntheorie nur verstärkt. Es darf daher nicht verwundern, wenn in Zeiten sozialer und ökonomischer Krisen die größtmöglichen irrationalen Kräfte frei werden, da ja die Möglichkeit, sozialen Erfolg im Sinne von Ansehen oder Prestige zu erzielen, unter dieser Bedingung stark eingeschränkt ist. Wird aber zusätzlich an den Lehrer oder die Autoritätspersonen appelliert, sich auf neue Wege einzulassen, "auch wenn diese ungewöhnlich sind", dann läßt sich verstehen, warum heute den sogenannten "Alternativen" so viel Gehör geschenkt wird, auch wenn diese nicht durch rationale Suche gefunden worden sind.

Kommen wir nun zu den Folgen, die der Pädagogik von der Seite der "emanzipatorischen" Ansätze drohen. In Punkt 3.4 habe ich die "höhere" sokratische Hebammenkunst unter dem Gesichtspunkt ihres rational-ethischen Unterscheidungsvermögens vorgestellt. Rufen wir uns in Erinnerung, daß diese Unterscheidungsfähigkeit darauf beruht, daß Lehrer und Schüler sich unter dieselben Bedingungen stellen, nämlich unter die Anerkennung der Rationalität als "höheren" Maßstabs. Dies hat zur Folge, daß der Schüler in die Lage versetzt wird, durch die dann unter dieser Hinsicht "kritisch" zu nennende Prüfung seiner Äußerungen, den Gang der Debatte rational nachvollziehen und damit zu begründetem Wissen gelangen zu können, sofern er sich - wie schon durch die Vorbedingung der kognitiven Motivation als übergreifende Motivationsebene gegeben - an rationale Kriterien zu halten bereit ist. Es ist aber mit dieser Möglichkeit des Nachvollzugs während des Prüfungsverfahrens selbst noch mehr gegeben. Der Schüler kann nur so in den Stand gesetzt werden, zur "wahren" "Selbständigkeit" und "Mündigkeit" zu gelangen, weil er durch die sokratische

Methode die rational begründete "Mündigkeit" und "Selbständigkeit" erreichen kann, indem er, wie die Schlußworte des Sokrates an Theaitetos ausdrücken, "dann Besseres" bei sich tragen wird, "vermöge der gegenwärtigen Prüfung". Der Schüler lernt also durch die sokratische Methode das Vertrauen in die Vernunft zu setzen, weil nur die Anwendung des rationalen Prinzips zu richtigen Ergebnissen, also zu Erkenntnissen führen kann. Aber nicht allein dies ist ein Ergebnis der Mäeutik des Sokrates, sondern ebenfalls die Entwicklung einer Tugend, die man Besonnenheit oder Sanftmütigkeit nennen kann. Dadurch, daß der Schüler die Anwendung rationaler bzw. am widerspruchsfreien Denken orientierter Methoden erlernt, ist natürlich noch nicht die Schwierigkeit dieses Lernens in den Blick geraten. Die Schwierigkeit liegt in der Verwerfung von Meinungen und der damit verbundenen besonders hohen Frustration des Schülers, angesichts derer er sich bewähren muß. Die Bewährungsprobe liegt weiter in der Ausdauer, die den Gegenständen der Untersuchung entgegengebracht werden muß. Außerdem darf der Schüler nicht verzweifeln oder resignieren, wenn die Untersuchung nicht weitergehen kann, wenn keine Möglichkeit gesehen wird, wie das Problem zu lösen sein könnte etc. Will der Schüler aber zu Ergebnissen gelangen, die haltbar sind, so muß er notwendig die Geduld und die Ausdauer, sowie das Eingeständnis seiner eigenen Unfähigkeit auf sich nehmen, weil er nur auf dieser Basis besonnener und sanftmütiger werden kann. So sagt Sokrates dann auch in seinem Schlußwort an Theaitetos: "wenn du aber leer bleibst, dann (wirst du, d. Verf) denen, welche dich umgeben, weniger beschwerlich sein und sanftmütiger und besonnenerweise nicht glauben zu wissen, was du nicht weißt."

Noch eines muß angemerkt werden. Indem Sokrates in der vorher beschriebenen Weise mit seinem Gesprächspartner umgeht, erhebt er ihn gleichzeitig - unter eben derselben Voraussetzung der Unterstellung unter rationale Kriterien - zum gleichrangigen Partnern. Nur unter dieser Bedingung können Lehrer und Schüler bzw. Ältere und Jüngere zu gleichrangigen Partner werden. Vergegenwärtigen wir uns die Tatsache, daß jüngere Menschen, was die Lebenserfahrung anbetrifft, noch keine weitreichenden Erfahrungen vorzuweisen haben, dann wird uns noch klarer, warum der Rekurs auf Lebenserfahrung mit einem jüngeren Menschen nicht möglich ist. Ein solcher Rekurs würde den Schüler notwendig zum untergeordneten Partner der Rede absinken lassen und ihn zusätzlich des rationalen Nachvollzugs der Ergebnisse, welche durch Erfahrung legitimiert werden, berauben. Also ist gerade für jüngere Menschen, die ja ihr ganzes Leben bisher damit verbracht haben, sich Wissensbestände anzueignen, um ihr Leben besser ordnen zu können, der rationale, abstrakt-logisch nachvollziehbare Weg der einzig legitimationsfähige. Wenn man sich darüber hinaus klar macht, daß die existentiellen und psychischen Krisen dem so jungen Menschen erst noch bevorstehen, so müssen wir sogar fordern, daß die sokratische Methode, da sie rationale Anwendung übt, angewandt werden muß. Da ja jede Krise den Menschen in eine Situation bringt, die ihn den größtmöglichen irrationalen Kräften ausliefert, wäre es enorm wichtig, daß die Menschen wenigstens den rationalen Weg der Bewältigung von Problemen eingeübt hätten, damit die Chance des rationalen Angangs nicht von vornherein ausgeschlossen wäre. Im Grunde kann ja gar nicht mehr geschehen, als die Potentialität des richtigen Verhaltens durch rationales Training einzuüben. Darin steht mir wiederum L. Nelson zur Seite, wenn er sagt: "Die Urteilskraft, sagt KANT, muß als das Vermögen, sich gegebener Regeln zu bedienen, >>dem

Lehrlinge selbst angehören, und keine Regel, die man ihm in dieser Absicht vorschreiben möchte, ist in Ermangelung einer solchen Naturgabe vor Mißbrauch sicher<<. Daher muß diese Naturgabe, wo sie schwach ist, gestärkt werden. Sie läßt sich aber nur stärken durch Übung".[111]
Auch die "emanzipatorischen" Ansätze nehmen, wie wir gesehen haben, die Stärkung der Rationalität bzw. die Ermöglichung der Rationalität des Schülers für sich in Anspruch; analog streben sie das Ziel der "Mündigkeit" und "Selbstbestimmung" an. Wenn wir uns den Rationalitätsbegriff oder Vernunftsbegriff jedoch genauer ansehen, so war uns vorher am Beispiel Mollenhauers die Rückbezüglichkeit der Vernunft auf das Prinzip der "Emanzipation" selbst aufgefallen. Steht nun aber die Rationalität im Dienste des Ziels der "Emanzipation" oder "Mündigkeit", dann liegt hier, wie auch durch die Analyse Klafkis deutlich geworden ist, eine Reduktion des Vernunftsbegriffs vor, insofern als nur noch diejenigen Bedingungen, die die "Emanzipation" ermöglichen bzw. verhindern, erforscht werden. Vernunft wird somit zum Instrument der Emanzipation. Ein solchermaßen reduzierter Rationalitätsbegriff bestimmt also die erziehungswissenschaftliche Richtung, die sich "kritische" Theorie nennt, wobei sich dieses Attribut "kritisch" sehr von dem unterscheidet, was ich anhand der sokratischen Mäeutik als kritisch herausgearbeitet habe. In Wirklichkeit ist diese "kritische" Theorie, da sie nicht, wie die sokratische Methode zu haltbaren bzw. richtigen Ergebnissen gelangen kann, weil sie in der Vernunft keinen Maßstab besitzt, sondern nur ein instrumentelles Vehikel, "pseudokritisch" zu nennen. H. Herwig gelangt in ihrer Analyse des modernen Emanzipationsbegriffs zu folgendem Ergebnis: "Wissenschaft, kritische Reflexion, Theorie oder Ähnliches sind demnach nicht dadurch charakterisiert, daß durch sie haltbare "Maßstäbe" des Denkens und Handelns eruiert werden sollen, sondern dadurch, daß durch sie die Bedingungen der praktischen Möglichkeit von "Emanzipation" eruiert werden sollen. Demzufolge ist auch "kritisches Bewußtsein" nicht etwa "Kriterienwissen" im Sinne eines Wissens um Kriterien, die ihrem Wesen nach selber der Erfahrung und Logik gemäß gefunden worden sind, sondern entweder "durchschauter Zwang" oder "sich seiner Möglichkeiten bewußt werden, als auch gleichzeitig für die Verwirklichung der partiell erfahrenen Möglichkeiten... etwas tun zu können"".[112]
Wenn aber die Vorbedingungen zur Erreichung dieses Ziels "Emanzipation", "Selbständigkeit" oder "Mündigkeit" in solcher Weise gesetzt sind, kann es nicht mehr verwundern, daß die pädagogischen Vertreter sich auf gesellschaftlich politische Kritik beschränken und statt pädagogisch-methodischer Überlegungen das Ziel der Bewußtmachung von "Fremdbestimmung" im Auge haben. Das, was jedoch positiv "Selbstbestimmung" oder "Mündigkeit" sein soll, wird nicht im Sinne einer zu legitimierenden Zielnorm untersucht, sondern fällt, wie wir vorher schon gesehen haben, mit den anthropologischen Prämissen potentieller Natur im Sinne einer Aktualisierung des "wahren" menschlichen Wesens, zusammen. Ist dies aber der Fall, so braucht man das Ziel selbst nicht mehr zu legitimieren, da es - als identisch mit dem "wahren" menschlichen Wesen - per se als das Gute angesehen wird.

Diese theoretische Konstruktion, die bei der "emanzipatorischen" Theorie grundsätzlich anzutreffen ist, führt auf die Konzeption Habermas' zurück, die ich an dieser Stelle zu erläutern versuchen werde. Die Tatsache, daß der Bezug auf die viel zitierte, öffentlich diskutierte und wissenschaftlich gewürdigte Theorie Habermas' eindeutig belegt wird, trägt wahrscheinlich auch dazu bei, daß der Versuch einer Legitimation nicht mehr nötig erscheint.

Jürgen Habermas entwickelt in seinem Buch "Erkenntnis und Interesse" den Gedanken der "Emanzipation" am Modell der Fichteschen "Selbstreflexion". "Selbstreflexion" bedeutet bei Fichte, daß das transzendente oder denkerische "Ich" des Menschen, das gleichzeitig das "wahre" Wesen des Menschen ist, sich selbst, "um seiner selbst willen, in der Negation eines je anderen, selbst setzt"".[113]

In Anlehung daran heißt es bei Habermas: "Wir müssen das Ich im Akt des Selbstbewußtseins selber konstruieren: Ich ist nur, indem es sich selbst setzt".[114] Dieser Akt der Selbstsetzung des "Ich" steht aber rückbezüglich im Dienste der "Emanzipation" selber, bzw. im Zusammenhang des Interesses an der Identität des "Ich", was folgende Sätze verdeutlichen: "Das Bedürfnis der Emanzipation und ein ursprünglich vollzogener Akt der Freiheit sind aller Logik vorausgesetzt, damit sich der Mensch zum idealistischen Standpunkt der Mündigkeit erhebt, von dem aus kritische Einsicht in den Dogmatismus des natürlichen Bewußtseins, und damit in den verborgenen Mechanismus der Selbstkonstituierung von Ich und Welt möglich ist: Das höchste Interesse und der Grund alles übrigen Interesses ist das für uns selbst".[115]

An anderer Stelle heißt es: "Der Weg, auf dem sich der Begriff des Vernunftinteresses von Kant zu Fichte entfaltet, führt vom Begriff eines durch praktische Vernunft eingegebenen Interesses an Handlungen des freien Willens zum Begriff eines in der Vernunft selber wirksamen Interesses an der Selbständigkeit des Ich".[116]

Da es sich bei diesem sich selbst setzenden "Ich" um das "Vernunft-Ich" handelt, wie diese Zitate erhellen, müssen wir uns den Vernunftbegriff Habermas' etwas näher ansehen. Wie aus dem letzten Zitat ersichtlich wird, impliziert für Habermas der Vernunftbegriff Fichtes und Kants ein "in der Vernunft selber wirksames Interesse an der Selbständigkeit des Ich". An anderer Stelle wird noch deutlicher, was für Habermas Vernunft ist. "Vernunft meint zugleich den Willen zur Vernunft. In der Selbstreflexion gelangt eine Erkenntnis um der Erkenntnis willen mit dem Interesse an Mündigkeit zur Deckung";[117] "...denn der Vollzug der Reflexion weiß sich als Bewegung der Emanzipation. Vernunft steht zugleich unter dem Interesse an Vernunft. Wir können sagen, daß sie einem emanzipatorischen Erkenntnisinteresse folgt, das auf den Vollzug der Reflexion als solchen zielt".[118] Das Interesse an "Mündigkeit" ist offenbar bei Habermas mit dem "Willen zur Vernunft" gleichgesetzt. Die Vernunft folgt somit nur dem "emanzpatorischen Erkenntnisinteresse" als höchstem Maßstab, da dies auf den "Vollzug der Reflexion als solchen zielt". Nämliche Zusammenziehung von Vernunft, deren letztendliches Interesse in der "Mündigkeit", "Selbstbestimmung" oder "Emanzipation" liegt, haben wir bei den "emanzipatorischen" Pädagogen ja auch schon feststellen können. Insofern ist also auch bei Habermas Vernunft kein Kriterienwissen, sondern sie richtet sich ausschließlich auf das Prinzip der "Emanzipation". Nur in diesem Sinne besteht für Habermas ein Interesse an der Vernunft. Dadurch, daß die Vernunft im

Dienste der "Emanzipation" oder "Mündigkeit" steht, wird sie aber zu einer bloß formalen Kategorie oder zu einem instrumentellen Mittel der "Emanzipation" herabgewürdigt, vor allen Dingen, wenn wir uns zusätzlich noch klar machen, daß die "Emanzipation" bei Habermas historisch vermittelt ist, was folgende Sätze belegen: "Erst wenn Philosophie im dialektischen Gang der Geschichte die Spuren der Gewalt, die den immer wieder angestrengten Dialog verzerrt und aus den Bahnen zwangloser Kommunikation immer wieder herausgedrängt hat, treibt sie den Prozeß, dessen Stillstellung sie sonst legitimiert, voran: den Fortgang der Menschengattung zur Mündigkeit".[119]

Ein weiteres Zitat verdeutlicht, daß Habermas nicht nur im Sinne einer historischen Vermittlung, sondern auch inhaltlich über die bloße Selbstreflexion Fichtes hinausgeht, indem er nämlich die Selbstsetzung des menschlichen "Ich" durch die arbeitsmäßige oder werktätige Selbstsetzung im Marxschen Sinne charakterisiert. "Obgleich sich der transzendentale Rahmen, innerhalb dessen für sie (die Identität des "Ich", d. Verf.) Natur objektiv erscheint, nicht ändert, bildet sich jeweils die Identität ihres Bewußtseins in Abhängigkeit von dem historischen Entwicklungsstand der Produktivkräfte und einer auf diesem Stand durch ihre Produktion geformten Umgebung. Jede Generation gewinnt nur an der historisch immer schon geformten Natur, die sie ihrerseits bearbeitet, ihre Identität... . In seiner Arbeit begreift sich das gegenwärtige Subjekt, indem es sich durch die Produktion der vergangenen Subjekte als durch sich selbst hervorgebracht weiß. ...In ihrem Produktionsprozeß setzt die Gattung sich erst als gesellschaftliches Subjekt".[120]

Schlußfolgernd ließe sich also festhalten, daß in der Habermasschen Konzeption der Mensch sich seinem "wahren" Wesen gemäß selbst setzt. Dabei gelangt er zum Bewußtsein seiner selbst bzw. seines "wahren" Wesens. Inhaltlich wird dieses "wahre" Wesen jedoch, wie vorher schon angemerkt, durch nichts anderes bestimmt als durch den Akt der Selbstsetzung. Da der Mensch diesen Akt im Interesse an der "Selbständigkeit" oder "Mündigkeit" des "Ich" vollzieht, folgt damit, daß "Selbstbestimmung" oder "Emanzipation" zusammenfällt mit der Aktualisierung einer Idee des Menschen als einer ens causa sui, wofür mir H. Herwig zur Seite steht, indem sie sagt: "Unter Selbstbestimmung ist hiernach zu verstehen, daß der Mensch entscheidet und handelt gemäß seiner Natur als selbstgesetztem und selbstzusetzendem Subjekt und das heißt auch: die Maßstäbe seines Handelns aus dem Bewußtsein gewinnt, um seiner selbst als einer ens causa sui willen zu entscheiden und zu handeln".[121] Das Subjekt, um das es geht, ist demnach durch ein Tun, nämlich den Akt der Selbstsetzung im Sinne werktätigen oder produktiven Tuns charakterisiert - hieraus erhellt auch die schöpferisch-kreative Auffassung von Pädagogik -, was jedoch inhaltlich durch nichts anderes bestimmt ist, als dadurch, Wesenskonstitution zu sein. Damit bleibt aber das "Wesen des Menschen" oder das "Selbst" der "Selbstbestimmung" in quantitativer und in qualitativer Hinsicht unbestimmt, was zur Folge hat, daß die "Emanzipation", "Mündigkeit" oder "Selbstbestimmung", die ja immer im Sinne eines normativen Anspruchs gebraucht wird, die Kriterien eines Maßstabs nicht erfüllt, da sie wie H. Herwig es formuliert, "ein Handeln gemäß des Maßstabs der unbestimmten Authentizität seines Subjekts"[122] impliziert. Wenn aber die Ziel- und Handlungsnorm in dieser Weise unbestimmt bleibt, ist das Unterscheidungsvermögen, welches Sokrates als inhaltlich "höheres" Kriterium der Mäeutik ausweist, vollkommen zerstört. Dies

Unterscheidungsvermögen wäre ja nur unter der Bedingung einer inhaltlich-qualitativen Norm gegeben. Tatsächlich kann man aber, legt man die Habermassche Theorie zugrunde, niemals bestimmen, ob eine Handlung im Sinne des "wahren" Wesens oder bloß im Sinne des "fremdbestimmten" abgelaufen ist, da die Norm, an der sich dies lassen müßte, selbst unbestimmt ist. Betrachtet man nun, daß die "emanzipatorischen" Pädagogen trotz dieser Bedingungen fordern, daß die Menschen dennoch in diesem Sinne alles "selbst" bestimmen sollen, so fordern sie damit indirekt absolute Beliebigkeit, was H. Herwig betont, indem sie schreibt: "Ich muß also entweder den absoluten Geltungsanspruch des Prinzips unbestimmter Selbstbestimmung aufgeben oder ich impliziere die Normativität reiner Willkür -, was, wie immer man zur Willkür stehen mag, jedenfalls den Anspruch auf Normativität ad absurdum führt".[123] Es läßt sich durch diesen Rekurs auf Habermas folgendes festhalten. Da bei Sokrates die Erreichung der Selbständigkeit des Schülers nur unter der Bedingung der Unterwerfung unter die rationalen Kriterien des Prüfungsverfahrens, damit einer qualitativ-maßstäblichen Norm, möglich ist, kann man davon ausgehen, daß ohne diese Norm das Ziel nicht zu erreichen ist. Außerdem bezeichnet die Norm, die im sokratischen Verfahren als "höherer" Maßstab zur Anwendung kommt, gleichzeitig eine außerhalb der Personen anzusiedelnde Norm, so daß, trotz der Möglichkeit des Menschen, sich der Norm zu unterstellen, die Norm selbst immer etwas Anderes bleibt. Damit ist die "Distanz" zwischen Norm, normativem Anspruch und aktuellem Verhalten zur Norm gewährleistet. Nur diese "Distanz", die in der sokratischen Methode gewahrt bleibt und sich durch die beiderseitige Verpflichtung des Lehrers und Schülers, ausschließlich rationale Kontrollinstrumente anwenden und gelten zu lassen auszeichnet, ermöglicht die "objektive" Prüfung. Indem der Schüler durch die sokratische Methode in den Stand gesetzt wird eine Distanz zwischen sich und seinen vorgefassten Meinungen aufzubauen, gewinnt er die vorurteilsfreie Bedingung der Möglichkeit von "Qbjektivität". Insofern können wir das Verfahren des Sokrates als "interobjektiven" Konsens bezeichnen. Die Distanzfähigkeit des Sokrates kommt dadurch zustande, daß er sich nicht selbst in identischer Form mit der Rationalität als maßstäblicher Norm gleichsetzt, sondern diese dem Gott, also einer Kategorie außer seiner selbst, zuschreibt, der ihm die geburtshelferische Kunst zuerteilt hat als die Grundlage, zu prüfen, ob etwas "wahr" oder "falsch" ist. Gott ist demnach für Sokrates der Grund seiner Orientierung im Handeln, er selbst sieht sich nicht als Bestimmungsgrund seiner selbst. In der Habermasschen Theorie wird nun aber der Mensch zum Bestimmungsgrund seiner selbst, sogar zum letzten Bestimmungsgrund, also zum Selbstzweck. Die vorher an den Ergebnissen oder Handlungszielen festgemachte Distanzunfähigkeit durch libidinöse Setzung können wir auf der Grundlage der Habermasschen Konzeption noch weitreichender einordnen. Auf dieser Basis stellt sich uns die Distanzunfähigkeit dar als Selbstüberschätzung des Menschen, sich selbst Attribute zuzuschreiben, die nicht ihm, sondern einem Anderen und "Höheren" zukommen – ob wir dies nun Gott, Weltgeist, Idee des Guten oder wie auch immer nennen wollen. Fühlt sich der Mensch aber, was durch die Habermassche Theorie ja legitimiert erscheint, als sein eigener Bestimmungsgrund, damit als Gott selber, so beinhaltet dies den größtmöglichen Verlust an Distanzfähigkeit überhaupt. Da nützt es auch nicht mehr viel, wenn Habermas, natürlich unter der Bedingung der emanzipierten Gesellschaft, "die die Mündigkeit ihrer Glieder realisiert"[124] hat, meint, daß "die Kommunikation zu dem herrschaftsfreien Dialog aller mit allen"[125] führt. Dieser inter-subjektive Konsens, oder bei Klafki der Glaube, daß die "Objektivität der Forschung und Theoriebildung" so lange nicht beeinträchtigt sei, "wie man eben dieses eigene Interesse selbst reflektiert... und damit diese Postiton selbst diskutierbar und kritisierbar macht"[126], führen sich durch das bisher Gesagte selbst ad absurdum. Wenn nicht noch Schlimmeres eintritt, so kann man doch zumindest vermuten, daß nicht "herrschaftsfreier Dialog aller mit allen" die notwendige Konsequenz ist, sondern subjektives und dezisionistisches Drauflosreden "jedes sich selbst setzenden Subjekts" gegen jedes.

Damit noch etwas klarer zum Vorschein kommt, daß die Konsens- oder Diskussionsfreiheit ein vielschichtigeres Problem darstellt, als durch die Habermassche Darstellung nahegelegt wird, möchte ich mich in einem Exkurs der Dimension desselben Problems zuwenden, wie es von E. Voegelin in seinem Aufsatz "Diskussionsfreiheit und Diskussionsbereitschaft" dargestellt wird.

5. E x k u r s

Eric Voegelin bezieht sich in seinem Vortrag "Diskussionsfreiheit und Diskussionsbereitschaft" auf den 1859 von John Stuart Mill veröffentlichten Essay "On Liberty", der die Diskussionsfreiheit zum Gegenstand hat. Er selbst macht das Problem der Diskussionsbereitschaft zum Gegenstand seiner folgenden Untersuchung. Voegelin konstatiert zwei bedeutende Veränderungen in der geistigen Situation der mehr als einhundert Jahre später lebenden Menschen, welche beide mit dem Fortschrittsglauben des englischen Denkers in Beziehung stehen. Der erste Unterscheidungspunkt gegenüber dem Essay von 1859 betrifft nach Voegelin die Ordnung der westlichen Gesellschaft und ihre zukünftige Entwicklung. Mill hat ganz selbstverständlich angenommen, daß die Ordnung der westlichen Gesellschaft auf der Freiheit der rationalen Diskussion beruhe, die er in einem Kernbestand verantwortlicher, rational orientierter Individuen vertreten sieht, während dem anderen Teil der Gesellschaft nicht mehr als die Funktion eines Störfaktors im historischen Fortschritt zugebilligt wird. Auch wenn Mill die Gefahren für die Freiheit sieht, die den rationalen Kernbestand verantwortlicher Individuen bedrohen, so hält er diese Gefahren doch für abwendbar. Wir heute lebenden Menschen müssen dies eigentlich jetzt besser wissen.
Der zweite Punkt der Millschen Einschätzung von 1859 betrifft seine philosophische Anthropologie, die zwar an der Antike orientiert ist, insofern sie sich auf die Überredung durch Vernunft gründet, die aber die in der Antike bewußt gewesene Spannung zwischen Aktualität und Potentialität des menschlichen Wesens aus dem Blick verliert. In der Millschen Vorstellung, die dem Fortschrittsglauben des 18. Jahrhunderts zugerechnet werden muß, wird diese Spannung der Existenz in einen historischen Prozeß auseinandergezogen, in dem der Mensch seinem potentiellen Vermögen, damit seiner Verwirklichung immer näher kommt.
Die weitere Untersuchung Voegelins befaßt sich dann in einem ersten Teil mit der Diskussionsfreiheit, so wie Mill sie gesehen hat, und mit den Gefahren, die ihr drohen. Im zweiten Teil versucht Voegelin, die klassische Problematik anhand des platonischen Dialogs "Protagoras" wiederherzustellen, während nachfolgend zwei Grundfragen der Diskussionsbereitschaft, wie sie sich durch den Rekurs auf Platon ergeben, angesprochen werden. Da Eric Voegelin ein bewundernswert systematisch vorgehender Denker ist, möchte ich diesen Aufbau nicht verändern, da ich sicherlich nicht in der Lage sein würde, nur annähernd so gut zu ordnen.
I. Der Essay "On Liberty" verbindet nach Voegelin drei Ideenkomplexe miteinander: Den Bildungsindividualismus Humboldts, den englischen Reformliberalismus und den Comteschen Positivismus der intellektuellen Phase. Dem Humboldtschen Bildungsindividualismus, der darauf beruht, daß das Individuum seine Eigenart voll zu entwickeln habe, was nach Humboldt aber nur durch Bildung erreicht werden

kann, stimmt Mill zu. Humboldt glaubt jedoch, daß der Bildungszweck am vollkommensten in einer Monarchie preußischen Typs gedeihen könne, weil das Individuum in einer solchen Regierung die optimale Möglichkeit habe, sich der Bildung zu widmen, da die Staatsgeschäfte ihm aus der Hand genommen sind. In der griechischen Polis ist dies nicht der Fall gewesen, insofern der Mensch primär als verantwortlicher Bürger hat fungieren müssen. Mill glaubt jedoch im Gegensatz zu Humboldt, daß der Bildungszweck auch unter der Bedingung des englischen Verfassungslebens erreichbar sei, weil erstens der Sozialdruck in großräumigen Gesellschaften nie so vernichtend auf das Individuum wirken könne und zweitens die moderne Trennung von Kirche und Staat dem Individuum einen Freiraum sichere, der in der antiken Polis undenkbar gewesen sei. In Mills Fortschrittsglauben findet sich in einer Zusammenziehung des Humboldtschen Bildungsbegriffs und des Comteschen Fortschrittsbegriffs der Begriff des "improvement", der Verbesserung des Menschen, als anthropologischer Zentralbegriff. Die Untersuchung der Freiheit wird bei Mill um der Sicherung des "improvement" willen geführt. Die Freiheit ist somit nur dann am Platze, wenn die Menschheit fähig geworden ist, "sich durch freie und gleiche Diskussion" zu verbessern. Diesen Zustand, glaubt Mill, habe die westliche Zivilisation inzwischen erreicht, womit Freiheit zu einer legitimierten Forderung wird. Die Freiheit ist also bei Mill nicht als Recht gefaßt, sondern als ein Instrument gesellschaftlicher Ordnung, die nach seiner Meinung in der territorialstaatlichen Repräsentativdemokratie wirksam werden kann.
Als Gefahren für die Freiheit sieht Mill den Sozialdruck an, besonders denjenigen, der vom englischen Mittelstand kommt, der in der Zeit nach 1850 in der Form des neuen Moralismus der middle-class aggressiv begonnen hat, soziale Sanktionen zu erzwingen. Mill befürchtet, daß die Majorität, wenn sie sich ihrer politischen Macht bewußt werden würde, den Staatsapparat für ihre Zwecke würde ausnützen können. Gleichzeitig sieht er auch die Gefahr der ideologischen Massenbewegung, z.B. in der Gestalt Auguste Comtes heranrufen, wodurch ein Despotismus der Gesellschaft über das Individuum eintreten würde.
Voegelin bemerkt, daß es erstaunlich sei, mit welcher Klarheit Mill diese Gefahren erkannt hat, ohne jedoch implizite Fehlschlüsses seines eigenen Denkens bemerkt zu haben. So hat Mill nicht gesehen, daß die Gefahren seitens der Majorität dem Individuum nur dann drohen können, wenn die Majorität der Menschen in einer Gesellschaft sich nicht aus Individuen in seinem Sinne zusammensetzt. Weiterhin hat er ebenfalls übersehen, daß die Individuen in seinem Sinne, wie z.B. auch Comte, nur dann zu einer Gefahr werden können, wenn sie wiederum nicht in seinem Sinne rational orientierte Individuen sind, sondern machthungrige Ideologen.
II. Der zentrale Gang der Debatte im "Protagoras", an den Voegelin im 2. Teil seiner Ausführung anknüpft, ist folgender:
Protagoras vertritt die These, daß die politische Tugend lehrbar sei, bzw. daß er sie lehren könne; Sokrates hingegen bezweifelt dies. Um den Streit der Meinungen zu schlichten, strebt Sokrates eine Diskussion über das Wesen der Tugend an, da man ja nur, wenn man den Gegenstand kennt, die strittige Frage klären kann. Protagoras jedoch, der ein großer Redner ist, versucht diese Debatte zu verhindern, indem er ausschweifig lange redet und sich damit nicht auf eine Diskussion einlassen will. Sokrates zwingt ihn jedoch, sich auf eine Diskussion einzulassen, und am Ende der Debatte steht die Einsicht Sokrates', daß die

Tugend nur auf der Basis lehrbar sei, daß sie ihre Wurzel im Wissen habe. Genau dieses Wißbare ist dann lehrbar. Voegelin versucht im folgenden zu verdeutlichen, wie Protagoras die Debatte verhindern will und was mit dem Wissenscharakter der Tugend gemeint ist. Protagoras, der ein sehr geschickter Redner ist, verlegt sich in der Debatte mit Sokrates auch auf diese seine Kunst. Er hält eine brillante Rede zur Verteidigung seiner These, in der neben der Prometheusfabel auch der Verweis auf den common-sense und die Berufung auf Autoritäten nicht fehlen. Am Ende der Rede sagt Sokrates, zwar merklich beeindruckt von den Worten Protagoras' dennoch, daß dies eine Rede gewesen sei, wie Politiker sie halten, um ihre Fragesteller zu überschwemmen. Schließlich, so sagt Sokrates, wisse man gar nicht mehr, worum es überhaupt gehe. Prolixität der Rede ist eines der wirksamsten Mittel, um rationale Diskussionen zu verhindern. Dies lange Reden als Verhinderungstaktik geht aber immer wieder mit Protagoras durch, so daß Sokrates endlich nichts anderes übrigbleibt, als zu sagen, daß er eine Verabredung habe und leider nicht so viel Zeit, den interessanten, aber etwas langen Ausführungen des Protagoras zuzuhören. Damit, betont Voegelin, stellt Sokrates den viel zu wenig beachteten Grundsatz auf, daß zur Redefreiheit auch die Freiheit gehört, nicht zuzuhören. Dieser Ausgang des Gespräches wird jedoch verhindert durch die Intervention der anderen Zuhörer und die Diskussion kann zu Ende geführt werden auf der Basis, daß Protagoras sich verpflichtet, die Regeln des rationalen Diskurses einzuhalten. Daß die politische Tugend lehrbar ist unter der Bedingung, daß sie auf Wissen beruht, stützt sich auf die These des Sokrates, daß niemand willentlich schlechte oder niedere Handlungen begehe. Wenn die Leidenschaften oder Lüste des Augenblicks das Handeln bestimmen, liegt der Grund der verfehlten Handlung nach Sokrates' Auffassung in der Unwissenheit, der amathia, begründet. Das Falsche wird nur deshalb vorgezogen, weil die Folgen des Handelns falsch beurteilt werden. So würde jeder, wenn er sich der Folgen seines Handels bewußt wäre, nicht kurz-, sondern langfristig handeln, was sie Dimension des richtigen Handelns für Sokrates zu einer Sache des Messens der Güter in der richtigen Zeitperspektive macht. Diese Meßkunst ist also die Kunst des richtigen Handelns. Sich von der Lust beherrschen zu lassen, ist demnach die größte Torheit (amathia), während die Weisheit, die sich auf Wissen (episteme) gründet, das höchste der menschlichen Dinge ist. Die Meßkunst, die allein zum rechten Handeln führen kann, ist aber lehrbar. Bei dieser Meßkunst geht es letztlich, wie E. Voegelin es ausdrückt, um das Heil (soteria) des Lebens. Die größte Zeitperspektive, in der das Handeln des Menschen gesehen werden kann, ist das ganze Leben, das mit dem Tod endet. Die Meßkunst ist somit die Kunst, "sub specie mortis" zu handeln. Das Unwissen oder die Torheit, die zum Irrtum im Handeln führt, stellt demnach eine Existenzkategorie dar. Diese Existenzkategorie ist nach Voegelin nichts anderes als das Wissen um Transzendens als Bedingung der Tugend. Für die rationale Diskussion folgt daraus, daß die Bereitschaft zur rationalen Diskussion eine Bereitschaft zur Einlassung bis auf die Transzendenzproblematik darstellt. Wo dieses Wissen um Transzendenz fehlt, wird die Debatte von der amathia beherrscht.
III. Erik Voegelin stellt heraus, daß die Fragen der Gesellschaftsordnung, wie sich aus dem Rekurs auf die antike Problematik ergibt, nur dann in rationaler Form diskutiert werden können, wenn die Transzendenzproblematik im Blick liegt. Wird

diese Grundbedingung rationaler Erörterung nicht angenommen, so treten an Stelle der Begriffe, zu denen das analytische Fragen führen soll, die "Topoi", und die Diskussion sinkt zu einer rhetorischen Debatte für und wider die "Position" ab. Ein Teil der Topik, derjenige, der hier von Voegelin angesprochen wird, betrifft die Methoden, mit denen üblicherweise die Diskussion verhindert werden soll, bzw. mit denen verhindert werden soll, daß bis zur Transzendenzproblematik vorgestoßen wird. Voegelin stellt heraus, daß deren Darstellung eine umfangreiche Monographie erfordern würde.

Einige dieser Techniken stellt er jedoch im weiteren dar.

1. Die sophistischen Tricks, die wir bei Protagoras schon herausgestellt haben, gehören zu einer Hauptgruppe dieser Verhinderungstechniken. Ihre inhaltlichen Merkmale sind Weitschweifigkeit der Rede, ausweichen in irrelevante Digressionen, Anhäufung von Zitaten, Berufung auf Autoritäten ... etc. Immer behindern sie die Fortführung des Argumentationsganges und im optimalen Fall erreichen sie die absolute Verdunkelung des Arguments.

2. Eine zweite Gruppe von Tricks wird von Voegelin als "Hintertreppenpsychologie" bezeichnet. Derjenige, der sich dieser Technik bedient, geht nicht auf das Argument der Rede ein, sondern attackiert den Diskussionspartner von hinten, indem er Erwägungen über psychologische Motive, die der Aussage zugrunde liegen, anstellt. Das Argument soll also durch den Nachweis eines Vorurteils, das seinen Grund in politischen, wirtschaftlichen oder anderen Interessen des Partners hat, widerlegt werden. Diese Methode der Verweigerung, so führt Voegelin aus, ist in totalitären Bewegungen ganz radikal zur Technik des Angriffs auf die Person geworden, sei aber durch Marxismus und Psychoanalyse inzwischen zum Gesellschaftsspiel avanciert.

3. Nahe verwandt mit der zweiten Gruppe von Verhinderungsmodi ist die Klassifikation als dritte Technik. Die Klassifikation bedient sich zur Umgehung des Arguments der Einordnung des Gesagten als zugehörig zu einer bestimmten religiösen, politischen oder theoretischen Position. Da diese Position in pejorativer Absicht gewählt wird, glaubt derjenige, der sich der Klassifikation bedient, damit das Argument erledigt zu haben. Um zu verdeutlichen, daß die Klassifikation die Möglichkeit fast beliebiger Einordnung desselben Arguments in sehr verschiedene Positionen erlaubt, gibt Voegelin eine aufschlußreiche Darstellung der Positionen, in die er selbst eingeordnet worden ist.

4. Die vierte Methode, die von Voegelin gekennzeichnet wird, führt in das Gebiet der dogmatisch durchgearbeiteten Diskussionsverweigerung. Es handelt sich dabei um das Prinzip, daß "Werthaltungen" oder "Werturteile" als dem subjektiven Arbitraire zugehörig angesehen werden und somit jenseits der rationalen Diskussion angesiedelt werden. Insgesamt wird durch die Doxa der Werturteile die rationale Diskussion der Ordnungsfragen verunmöglicht, weil Sätze der Ontologie, der philosophischen Anthropologie und der Ethik als "Werturteile" und daher als "unwissenschaftlich" abqualifiziert werden. Außerdem können mit dieser Technik eigene Wertungen munter als fraglos anzunehmende Prämissen eingeführt werden, da auf der Grundlage der grundsätzlichen Subjektivität von Werturteilen kein Unterschied qualitativer Art zwischen dem einen oder dem anderen "Werturteil" mehr besteht. für die Popularität dieser Methode spricht auch, wie Voegelin ausdrücklich betont, daß man sich viel Arbeit ersparen kann. Indem man die gesamte geistige Problematik der gesellschaftlichen Ordnung als "Wertungen"

außerhalb der Wissenschaft betrachtet, braucht man folglich die Theorie nicht zu kennen, wodurch das Recht auf Unbildung gerade in akademischen Kreisen legitimiert werden kann.

5. Die letzte Methode der Diskussionsverweigerung, die von Voegelin beschrieben wird, ist die neo-positivistische Methode der Sozialwissenschaften. Die Positivisten gehen noch einen Schritt weiter, indem sie leugnen, daß der Gegenstand der Geschichts- und Sozialwissenschaften durch "Wertungen" konstituiert wird. Dies hatte ja die vorher beschriebene Methode noch anerkannt. Der positivistische Ansatz nun bestimmt den Gegenstand durch eine Methode, die in Anlehnung an die Naturwissenschaften legitimiert wird. Der Einfluß von "Wertungen" wird damit gänzlich von der Diskussion ausgeschlossen, weil die Phänomene des Geistes jenseits der sinnlichen Wahrnehmung, also der Quantifizierbarkeit liegen. Die Diskussion der Grundfragen wird hier radikal abgelehnt.

IV. Die episteme (als das Wissen um die große Perspektive des Lebens) steht im "Protagoras" der amathia, der Unwissenheit im Bezug auf die Folgen des Handelns gegenüber. In der "Politeia" Platons wird das Problem erweitert, insofern die amathia, die das richtige Handeln im Einzelfall umreißt, in ihrer größeren Dimension als agnoia hervortritt, als die Unwissenheit der Seele über ihr richtiges Verhältnis zu Gott. Der Grund des falschen Handelns im Einzelfall wird nach Voegelin zurückgeführt auf die Torheit der Seele, die sich gegenüber der Transzendenzproblematik verschließt. Die Richtigkeit des Handelns hängt also von dem Ordnungsbild ab, das der Mensch in seiner Seele trägt und in ihr wirken läßt. In der Art der Seelenordnung als Matrix der Ordnung des Handelns laufen für Platon die Probleme von Wollen und Wissen zusammen. Die episteme bleibt für Platon jedoch trotzdem lehrbar, aber da sie sich als Ordnungswissen auf das richtige Verhältnis zum jenseitigen, transzendenten Grund des Seins bezieht, wird zugleich die Möglichkeit der Auflehnung oder Verschließung sichtbar. Der Mensch kann der Kommunikation Widerstand leisten, er kann "nicht wissen wollen". Damit wird der Ausgangspunkt des Sokrates, daß nur aus Unwissenheit falsch gehandelt werde, eingeschränkt. Das Wissen um das richtige Verhältnis ist zwar lehrbar, aber was nützt diese potentielle Lehrbarkeit, wenn die Menschen nicht wissen wollen, bzw. was nützt die rationale Diskussion, wenn der Gesprächspartner mit unendlicher Erfindungsgabe Methoden entwickelt, diese zu unterlaufen?

Für die Problematik kann es also keine einfachen Lösungen geben, weder theoretische noch praktische. Die Schwierigkeit läßt sich aber noch etwas deutlicher machen, weswegen Voegelin auf den prophetischen Begriff von Torheit rekurriert, wie er sich in Jesaja 32,6 darstellt. Der Begriff der Torheit wird dort auf die Revolte gegen Gott eingeschränkt, worauf Voegelin die geistige Revolte gegen den Seinsgrund als den Faktor der Torheit kennzeichnet, der bei Platon das Konzept des Wissens und der Lehrbarkeit der Tugend stört. Unvernunft und Unwissenheit (amathia) sind dann die Folge, wenn der Mensch töricht in Revolte gegen Gott steht. Voegelin führt weiter die Begriffe common-sense und Dummheit als Gegensatzpaar ein, wobei er unter common-sense die Fähigkeit des geistig und vernunftmäßig gesunden Menschen zum richtigen Handeln im täglichen Geschäft verstanden wissen will. Der positiven Reihe Glaube, Vernunft und common-sense stände damit die negative Reihe Torheit, Unvernunft und Dummheit gegenüber. Es wäre also geklärt, daß rationale Diskussion der Ordnungsfragen einer Gesellschaft möglich ist, ja sogar in Gesellschaften von Komplikationsgrad der modernen

50

Gesellschaften - wie Mill auch gesehen hat - eine Bedingung sozialer Ordnung ist. Die rationale Diskussion ist aber nur möglich, wenn die Menschen fähig sind, ihre Vernunft zu gebrauchen. Wer aber ein Tor im vorher charakterisierten Sinne ist, hat seinen Vernunftgebrauch für diese Fragen verloren. Die Gefahr des Verlusts des Vernunftgebrauchs hat Mill erkannt, wenngleich er sie unterschätzt hat. Die Manifestation dieses Verlustes sind die ideologischen Massen- und Intellektuellenbewegungen unserer Zeit.

A n m e r k u n g :

Da dieser Exkurs eine etwas verkürzte Darstelung des Aufsatzes   von Erik Voegelin ist, habe ich darauf verzichtet, Zitate einzeln zu kennzeichnen. Dem geneigten Leser sei der Originaltext in E. Voegelins Buch:
Anamnesis, Zur Theorie der Geschichte und Politik[127], ans Herz gelegt.

II. HAUPTTEIL

B: Die Dialektik

1. Die formalen Hinsichten der platonischen Dialektik

Um die formalen Hinsichten der Dialektik herauszuarbeiten, werde ich mich auf die platonischen Dialoge "Politikos" und "Menon" stützen.
Im "Politikos" redet diesmal nicht Sokrates, sondern ein Fremder aus Elea in Anwesenheit des Sokrates und Theodoros mit einem jungen Schüler. Dieser Schüler ist Sokrates der Jüngere, ein anderer Lehrling der Meßkunst und Mitschüler des Theaitetos. Das Thema der Unterredung ist die Frage, was eigentlich ein Staatsmann sei.
Der Staatsmann oder Politiker wird von beiden, Sokrates d.J. und dem Fremden, als ein Kundiger oder Wissender gesetzt. Welches Wissen der Politiker besitzen sollte oder müßte, soll das Gespräch herausbringen. Da jemand, der ein Kundiger ist, Erkenntnisse besitzen muß, stellt sich für den Dialog zunächst die Frage, welche Erkenntnisse dem Politiker zukommen. Dazu werden die Erkenntnisse in handelnde und einsehende Erkenntnisse aufgeteilt. Die Kunst des Staatsmannes wird unter die einsehenden Erkenntnisse subsumiert, da der Politiker mit der Einsicht und Stärke seiner Seele seine Kunst ausübt, nicht jedoch mit dem Körper. Diese einsehende Erkenntnis kann nun wieder in zwei Teile geteilt werden, nämlich in beurteilende und gebietende Erkenntnis. Die Staatskunst gehört zur gebietenden Erkenntnis, die danach unterteilt wird, ob nur Befehle eines anderen weitergegeben oder selbst Gebote erteilt werden. Die Staatskunst wird zur selbstgebietenden Kunst gerechnet. Das nächste Unterscheidungskriterium ist, über was der Staatmann selbstgebietet, Beseeltes oder Unbeseeltes. Innerhalb des Beseelten wird die Tatsache, daß die Staatskunst über einen großen Teil gebietet, zum weiteren Unterscheidungskriterium. Die gemeinsame Wartung vieler zugleich kann dann als Gemein- oder Herdenzucht bezeichnet werden. Bis hierin haben wir die Staatskunst also als Selbstgebietende über einen großen Teil des Beseelten charakterisiert, was Herdenzucht genannt werden könnte. Die Kunst des richtigen Teilens finden wir als erste formale Hinsicht der Dialektik. Im Anschluß an diese erste Einführung in das Teilen erklärt der Fremde die zu beachtenden Bedingungen des richtigen Teilens, nachdem Sokrates d.J. einen ersten Versuch zu teilen gemacht hat, indem er die Herde aufteilt in die der Tiere und der Menschen. Der Fehler, der Sokrates d.J. dabei unterlaufen ist, ist die Tatsache, daß er einen kleinen Teil von einem großen Teil gesondert hat, ohne jedoch dabei zu berücksichtigen, daß der Teil Tiere sich untereinander sehr unterscheidet. Um diesen spezifischen Fehler noch zu verdeutlichen, benützt der Fremde ein Beispiel. Er sagt, daß das, was da mit dem Teilen geschehen sei, zu vergleichen wäre damit, daß die Griechen sich selbst herausnehmen und alle anderen Völker mit einem Begriff Barbaren nennen. Genauso wäre es aber auch, würde man eine beliebige Anzahl von Zahlen zu einer Art, alle anderen Zahlen jedoch zu einer anderen Art rechnen wollen. Das richtige Teilen bezieht sich, wie wir dem

Vorigen entnehmen können, auf ein haltbares Kriterium, wonach geteilt werden kann. Die Forderung des richtigen Teilens impliziert, daß nicht irgend ein Teil von einem anderen abgesetzt werden darf, sondern das dabei berücksichtigt werden muß, daß jeder Teil zugleich eine Art ist. Der Unterschied zwischen Art und Teil liegt aber darin: Die Art ist zugleich immer Teil von etwas, während der Teil nicht notwendig auch eine Art sein muß.[1]

Die "diairesis" oder Kunst des Teilens, die von Platon in den Dialogen "Sophistes" und "Politikos" vorgeführt wird, sieht auch der Platonkenner Julius Stenzel als neue dialektische Methode an. Er schreibt: "Was ist aber die neue Methode, von der im Theaitetos noch keine Rede war? Alle Probleme dieses Dialoges liefen zum Schluß darauf hinaus, und Platon verfehlt nicht, sie zuletzt unzweideutig nach dieser Richtung hin zusammenfassen in einer ahnungsvollen Frage nach einem $\lambda \acute{o} \gamma o \varsigma$ $o \upsilon \sigma \acute{\iota} \alpha \varsigma$, der die richtige Vorstellung zum Wissen erhöbe; diese Aufgabe erfüllt eine kunstgerechte Definition. Von Definitionen handelt der Sophistes und Politikos, beider Dialoge Inhalt ist, darin haben die philosophischen Erklärer recht, Methode und immer wieder Methode; vom ersten Worte der Erörterung des Sophistes an bis zum letzten des Politikos hat Platon unzweifelhaft bezeichnet, was seine Methode ist (Sophistes 218 C D, Politikos 286 D, 287 A); es ist die der Begriffsspaltung, der $\delta \iota \alpha \acute{\iota} \varrho \varepsilon \sigma \iota \varsigma$, die allemal zur Definition hinführt".[2]

Teilen heißt also, daß auf beiden Seiten jeweils eine Art herauskommen muß, nicht aber eine Art und ein Teil sich gegenüberstehen dürfen, was dann beim richtigen Teilen zur Folge hat, daß die Attribute zur Bezeichnung der jeweiligen Art formal dasselbe unter sich begreifen, d.h. Begriffe im qualitativ gleichen Rang sind. "Mensch" und "Tier" erfüllen aber als Begriffe das vorher aufgestellte Kriterium nicht, insofern als der Begriff "Mensch" zwar auch zugleich der Gattungs- oder Artbegriff ist, unter den Begriff "Tier" aber viele verschiedene Arten fallen. Somit sind diese beiden Begriffe weder in qualitativer noch in quantitativer Hinsicht miteinander zu vergleichen. Sind sie aber schon in quantitativer Hinsicht nicht identisch, so liegt die Vermutung nahe, daß ein subjektiv bezogener qualitativer Unterschied die Wahl einer solchen Teilung bestimmt hat.

Zur Verdeutlichung dieser Vermutung sagt dann der Fremde, daß nach dieser Methode des Teilens z.B. auch die Kraniche einfach ihre Gattung herausnehmen und die anderen Gattungen in einem Begriff von sich absetzen können. Damit dieser Fehler demnächst vermieden werden kann, muß die Teilung noch über mehrere Schritte geführt werden, bis am Ende der Mensch sich herausschält, mit dem es ja die Staatskunst zu tun hat. Zuvor wird aber noch ein anderer Fehler der bisherigen Debatte korrigiert. Indem die Herrscherkunst als Herdenzucht bezeichnet worden ist, ist schon implizit zur Voraussetzung gemacht, daß sie sich mit den zahmen Tieren befaßt, welche in Herden leben. Diesen Fehler, sowie auch denjenigen, der das Teilen verfälschte, führt der Fremde auf teleologisches Denken zurück, indem er sagt: "Laß uns also nicht so teilen, wie damals, daß wir auf das Ende sehen oder eilen, um nur geschwind zur Staatskunst zu kommen".[3]

Die zweite Bedingung der Dialektik ist somit die Forderung, nicht teleologisch an ein Gespräch heranzugehen, da dies, wie wir gesehen haben, zur Folge haben kann, daß das Telos die rein rationale Methode verzerrt, bzw. die widerspruchsfrei-dialektische Methode untergräbt, indem die Mittel beliebig dem

Telos angepaßt werden, ohne aber methodisch richtig zu sein. Wenn sie jedoch methodisch unrichtig sind, sind die Ergebnisse, zu denen die so gewählten Mittel führen, nicht haltbar.

Ist aber nun die Staatskunst bestimmt als einsehende Erkenntnis über die Herde der Menschen, so stellt sich die Schwierigkeit ein, daß noch nicht genügend herausgestellt ist, welche Erkenntnisse über den Menschen der Staatsmann besitzen muß. Dies muß noch geklärt werden, da es außer der Staatskunst sehr viele andere Künste gibt, deren Erkenntnisse sich auf den Menschen beziehen (z.B. Bauer, Lehrer, Arzt usw.). An dieser Stelle wird von dem Fremden ein Mythos über die Entstehung der Welt erzählt, dem ich mich inhaltlich jedoch erst etwas später zuwenden werde. Für die jetzige Analyse reicht es, zu erwähnen, daß der Mythos nicht im luftleeren Raum stehenbleibt, sondern zur besseren Bestimmung des bisher Gesagten genutzt wird. Es ergibt sich nämlich durch den Mythos noch einmal mit aller Deutlichkeit, daß die Bestimmung des Politikers als Herdenzüchter verfehlt ist, insofern der Politiker weder seine Herde ernährt, noch ihr Geburtshelfer, Arzt oder Tonkünstler ist. Eine näher eingrenzende Bezeichnung kann höchstens Herdenwartung sein, nicht Herdenzucht. Zugleich wird die Staatskunst nun als freiwillige Kunst über freiwillige Menschen von der gewaltsamen Herrschaft getrennt. Sokrates d.J. glaubt jetzt, daß die Staatskunst damit endgültig bestimmt sei, hat aber nicht gemerkt, daß der Begriff Herdenwartung die anderen Teile der Wartung genauso mit einbeziehet. Die Begriffsänderung bezieht sich ausschließlich auf die Einsicht, daß kein einzelner Mensch in dem Sinne eines Tierzüchters oder Hirten für alle Belange des Menschen Sorge tragen kann. Das herausgestellte Problem, daß die Art der Herrschaft oder Sorge inhaltlich noch durch nichts anderes bestimmt ist als durch Freiwilligkeit, bleibt bestehen.

An dieser Stelle kommen wir nun zu einem weiteren formalen Aspekt der Dialektik: Dem Beispiel. Das Wesen des Beispiels liegt, wie der Fremde anhand eines Beispiels erklärt, in seiner Vergleichbarkeit. Dazu ist nötig, daß das Beispiel richtig ist, damit in Analogie zu dem vorgegebenen Beispiel etwas, was im Beispiel selbst vorkommt, in einem anderen Bezugsrahmen erkannt werden kann. Das Beispiel stellt somit einen Maßstab dar, an dem etwas zum Teil anderes gemessen werden kann.

So verlegt sich das Gespräch im "Politikos" dann auch auf ein Beispiel, in dem die Weberei von ihren Hilfskünsten abgesondert wird, bis am Ende nur noch die für sie übrigbleibende Beschäftigung inhaltlich charakterisiert werden kann. Analog zu diesem Beispiel soll die Staatskunst inhaltlich bestimmt werden. Den formalen Weg des Teilens zeichnet das Beispiel der Weberei jetzt vor, inhaltlich bestehen jedoch beträchtliche Unterschiede zwischen Weberei und Staatskunst. Brauchten wir zur bisherigen Charakterisierung der Weberei nur formale, rationale Kriterien, so werden uns die formalen Kategorien bei der inhaltlichen Bestimmung der Erkenntnisse und den daraus folgenden Handlungen des Staatsmannes nicht ausreichen. Wir benötigen hier einen darüber hinausgehenden Maßstab zur Beurteilung des "wahren" Wesens der Staatskunst.Dies ist deshalb notwendig, weil die Staatskunst eine Handlungskunst oder Handlungswissenschaft ist.[4] Handlungen jedoch fallen unter ethische Maßstäbe, sollen sie beurteilt werden können.

Der Maßstab, den wir mit dem Beispiel besitzen, ist damit ein relativer Maßstab, obwohl er auch formale, rationale und somit haltbare Kriterien aufweist. Er

erlaubt uns aber nur Abweichungen und Gleiches im Bezug auf das im Beispiel
Vorkommende festzustellen. Der Mythos hingegen schafft eine andere Art von
Beispiel, indem er nicht das relative Vergleichsmaß setzt, sondern die normative
Ebene darstellt, an der sich solche Fragen den Menschen und seine Handlungen
betreffend, messen lassen müssen, will man diese Fragen nicht unbeantwortet
stehen lassen.[5] Unter beiden Prämissen des relativen und normativen Maßstabs
wird dann die Frage nach dem Staatsmann auch zu Ende gebracht.
Den Dialog "Menon" führe ich deswegen an, weil die Frage, um die es dort geht
von vornherein viel komplexer ist. Im "Politikos" kann ja der Staatsmann sofort
als ein Kundiger gesetzt werden, sowie auch der Gegenstand, auf den sich die
Erkenntnisse des Politikers beziehen, durch beständiges Teilen bestimmt werden
kann. Sogar die Ausscheidung einiger mitverursachender Künste kann immer noch
nach den formalen, dialektischen Kriterien des richtigen Teilens und des
Vergleichsmaßstabs geleistet werden. Erst zur Abscheidung einiger übigbleibender
Künste und zur genauen inhaltlichen Charakterisierung der Erkenntnisse, die der
"wahre" Herrscher besitzen muß, bedarf es normativ-maßstäblicher Kriterien. Der
Dialog "Politikos" ist in diesem Zusammenhang deswegen wichtig, weil er als
Lehrgespräch mit einem sehr jungen Schüler die dialektisch-methodischen Aspekte
besonders ausführlich und deutlich herausstellt. Für die anderen Dialoge, in denen
Sokrates oft mit gebildeten und erfahrenen, erwachsenen Männern redet, können
wir die im "Politikos" dargestellten Kriterien ebenfalls zugrunde legen. Da es bei
diesen Dialogen aber häufig um wissenschaftliche oder ethische Grundprobleme
geht, die mit Erwachsenen auf der Grundlage ihres größeren Erfahrungs-und
Bildungshorizonts geführt werden, tauchen methodische Erklärungen, wie zum
Beispiel die des richtigen Teilens, seltener auf. Wir können aber, so hoffe ich,
aus dem Dialog "Menon" noch weitere methodische Aspekte der Dialektik
gewinnen. Die Frage, die Menon an Sokrates zu Anfang des Gespräches stellt, ist,
ob die Tugend lehrbar sei (intellektuell), geübt werden müsse, oder ob sie
angeboren sei.[6] Sokrates erhebt, wie wir es bei der Analyse des "Theaitetos" auch
schon gesehen hatten, zunächst den Gegenstand, über den etwas ausgesagt werden
soll - die Tugend - zum Thema der Untersuchung, da immer nur unter der
Bedingung der Klarheit des Gegenstgands Aussagen über diesen gemacht werden
können. Da die Frage des Menon impliziert, daß er selbst wisse, was die Tugend
sei, bittet Sokrates ihn, ihm die Tugend doch zu erklären. Polemisch fügt er hinzu
- wie es auch der rhetorischen Frage des Menon angemessen ist - er selber wisse
weder, was die Tugend sei, noch habe er jemals einen Menschen getroffen, der
dies wisse. Menon antwortet mit einem Schwall von Verhaltensweisen, die in der
griechischen Polis als tugendhaft gelten.[7] Sokrates weist ihm aber nach, daß diese
Verhaltensweisen in sich widersprüchlich sind, so daß die Bedingung eines für alle
geltenden gemeinsamen Nenners, die sie zu Tugenden bestimmt, nicht erfüllt ist.[8]
Wenn schon, dann müßten diese Verhaltensweisen in tugendhafter Art und Weise
ausgeführt werden. Auf dieser Basis gelangen Menon und Sokrates zu abstrakteren
Begriffen von Tugend, nämlich: Besonnenheit, Tapferkeit, Frömmigkeit,
Gerechtigkeit usw. Der zweite Abstraktionsgrad, den Sokrates fordert, um das
Wesen der Tugend bestimmen zu können, ist jedoch ein sehr viel schwierigerer. Es
geht um das identische Kriterium aller dieser jetzt abstrakt formulierten
Einzeltugenden, das man finden muß, will man das Wesen der Sache inhaltlich
bestimmen.

Bis hierin ist uns also die zur Dialektik gehörende Hinsicht der Widerspruchsfreiheit aufgefallen, die als Methode zur Ablehnung von Meinungen führt und damit gleichzeitig die Voraussetzung der Suche nach haltbareren Annahmen schafft. Die Widerspruchsfreiheit ist allerdings auch schon im Teilen selbst enthalten, darin nämlich, daß der Teil, sofern er nicht gleichzeitig Art ist, notwendigerweise Widersprüche in sich birgt, weswegen er methodisch abgelehnt wird. An dieser Stelle im "Menon", wo es um das identische Kriterium der Sache geht, finden wir eine weitere methodische Parallele: Sokrates benützt ein Beispiel, um Menon die Dimension des identischen Nenners vorzuführen. Das Beispiel bezieht sich auf den geometrischen Begriff der Gestalt. Gestalten sind z.B. das Runde, das Viereckige, das Gerade usw., genauso, wie Besonnenheit, Tapferkeit und Gerechtigkeit Tugenden sind. Sokrates definiert das identische Kriterium der einzelnen Gestalten als Grenze des Körpers, da jeder Gestalt eine Grenze zukommt.[9] Dasselbe nun soll analog eine Definition der Tugend erbringen. In diesem Beispiel des Sokrates läßt sich wiederum etwas Bekanntes aufspüren, nämlich die Notwendigkeit eines Maßstabs, des tertium comperationis, an dem die Dinge, die unter das Maß fallen können, gemessen werden müssen. Gleichzeitig ist die Dimension des nicht- teleologischen Vorgehens im Beispiel wiederzufinden. Es darf nur von den Gestalten auf den Maßstab geschlossen werden, unter den diese - jede als Einzelne - fallen muß, nicht umgekehrt. Da es sich bei der Tugend allerdings um eine ideelle Sache handelt, finden wir sogleich das nächste uns bekannte Kriterium: Der Maßstab, der den identischen Nenner der Tugend darstellt, muß ebenfalls ein ideelles Maß sein. Daher taucht im Verlauf des Dialogs, nachdem noch ein weiterer Definitionsversuch der Tugend auf der Basis von Widerspruchsfreiheit verworfen worden ist, notwendig das Problem auf, daß der Dialog nicht mehr weiterzuführen ist. Dies ist der Fall, weil unter der Bedingung des rein logischen Vorgehens das identische Kriterium der ideellen Sache nicht zu finden ist. Daher führt Sokrates an dieser Stelle den Mythos von der Seelenwanderung ein, der verständlich macht, daß man trotz der Schwierigkeit nichts über die Sache, die man sucht, zu wissen, dennoch suchen kann, was man nicht weiß. Anschließend beweist Sokrates dies auch, indem er mit dem Sklaven des Menon ein geometrisches Problem behandelt. Ist nun aber bewiesen, daß man suchen kann, was man noch nicht weiß, so kann - und darin erblicken wir ein neues methodisches Kriterium der Dialektik - mit einer Voraussetzung oder Hypothese gearbeitet werden, um so die Sache wenigstens näherungsweise genauer bestimmen zu können. Die hier gewählte Hypothese ist diese: Wenn die Tugend Erkenntnis ist, dann ist sie auch lehrbar, wenn sie aber keine Erkenntnis ist, ist sie nicht lehrbar, denn nur Erkenntnisse sind lehrbar. Die Frage ist also: Ist die Tugend eine Erkenntnis? Da die Tugend als ideeller Gegenstand des Gespräches ja gut und nützlich sein muß, ergibt sich, daß, nur wenn alles Gute auf Erkenntnis beruht, die Tugend ebenfalls eine Erkenntnis ist, wenn es aber Gutes gibt, das nicht Erkenntnis ist, dann ist es möglich, daß die Tugend keine Erkenntnis ist. Da aber alles, was gut ist auch nützlich ist, muß die Tugend, wenn sie ein Gut ist, auch nützlich sein. Nützlich für das tugendhafte Handeln ist aber die Vernunft, wie Sokrates anhand der Tatsache, daß Tapferkeit und Tollkühnheit vernüftiges und unvernünftiges Handeln nach derselben Prämisse darstellen, beweist. Die Vernunft muß somit wenigstens ein Teil der Tugend sein. Mit dieser Einsicht kann dann die Frage, ob die Tugend angeboren ist, eindeutig verneint werden. Bliebe

noch zu untersuchen, ob sie Erkenntnis und damit lehrbar ist. Wenn sie aber Erkenntnis und lehrbar ist, dann müßte es auch Lehrer der Tugend geben. Gibt es aber solche Lehrer der Tugend? Diese Frage wird mit Anytos, einem konservativen Athener, untersucht, der die sogenannten Lehrer der Tugend, die Sophisten, verachtet. Sokrates nimmt die Frage schon etwas ernster und versucht, wirklich zu ergründen, ob die Sophisten Lehrer der Tugend sein könnten, oder ob vielleicht alle Athener, wie Anytos meint, die Tugend lehren könnten. Es stellt sich aber durch die Untersuchung heraus, daß weder die Sophisten noch die Athener Lehrer der Tugend sind, worauf Anytos wütend und als Patriot beleidigt abzieht. Schließlich finden Sokrates und Menon noch heraus, daß tugendhaftes Handeln genausogut auf richtiger Vorstellung beruhen kann, wodurch – da Erkenntnis und richtige Vorstellung verschieden voneinander sind – die Tugend keine Erkenntnis ist und auch nicht lehrbar. Da es trotz allem tugendhafte Menschen gibt, müßte die Tugend nach Sokrates' Meinung eine göttliche Schickung sein. Durch die Voraussetzungsmethode, bzw. die Arbeit mit einer Hypothese, wird methodisch Folgendes erreicht: Die Hypothese erlaubt es, über einen Gegenstand – hier die Tugend-, der inhaltlich noch nicht bekannt ist, eine Aussage zu machen hinsichtlich einer bestimmten Qualität des Gegenstandes. Indem bekannt ist, daß nur Erkenntnisse intellektuell lehrbar sind, darf in der Hypothese davon ausgegangen werden, daß die Tugend, nur wenn sie Erkenntnis ist, lehrbar sein kann. Der Weg der Untersuchung der Hypothese führt dazu, daß, wie wir gesehen haben, der Gegenstand enger eingegrenzt wird, wodurch sich dem Bereich des Gegenstands sukzessive genähert wird. Dies geschieht durch Auffindung und Verwerfung von widerspruchsvollen, damit unhaltbaren Prämissen. Es bleibt am Schluß nur noch ein "begrenzter" Bereich des möglich Richtigen übrig, aus dem dann Schlußfolgerungen gezogen werden können.
Diese Methode der sukzessiven Näherung an den Gegenstand durch Herausfall des Falschen ist in der Moderne als neue Methode wiederentdeckt worden. Es handelt sich dabei um die "Falsifikationstheorie" K. Poppers, die inzwischen wohl allgemein anerkannt ist.
Popper schreibt: "Das induktionslogische Abgrenzungskriterium, die Abgrenzung durch den positivistischen Sinnbegriff ist äquivalent mit der Forderung, daß alle empirisch-wissenschaftlichen Sätze (alle "sinnvollen Aussagen") endgültig entscheidbar sein müssen: Sie müssen eine solche Form haben, daß sowohl ihre Verifikation als auch ihre Falsifikation logisch möglich ist. So lesen wir z.B. bei Schlick: "... eine echte Aussage muß sich endgültig verifizieren lassen", und noch deutlicher bei Waismann: "Kann auf keine Weise angegeben werden, wann ein Satz wahr ist, so hat der Satz überhaupt keinen Sinn; denn der Sinn eines Satzes ist die Methode seiner Verifikation." Nach unserer Auffassung aber gibt es keine Induktion. Der Schluß von den durch "Erfahrung" (was immer wir auch mit diesem Worte meinen) verifizierten besonderen Aussagen auf die Theorie ist logisch unzulässig, Theorien sind somit niemals empirisch verifizierbar. Wollen wir den positivistischen Fehler, die naturwissenschaftlich-theoretischen Systeme durch das Abgrenzungskriterium auszuschließen, vermeiden, so müssen wir dieses so wählen, daß auch Sätze, die nicht verifizierbar sind, als empirisch anerkannt werden können.

Nun wollen wir aber doch nur ein solches System als empirisch anerkennen, das einer Nachprüfung durch die "Erfahrung" fähig ist. Diese Überlegung legt den Gedanken nahe, als Abgrenzungskriterium nicht die Verifizierbarkeit, sondern die Falsifizierbarkeit des Systems vorzuschlagen; mit anderen Worten: Wir fordern zwar nicht, daß das System auf empirisch-methodischem Wege endgültig positiv ausgezeichnet werden kann, aber wir fordern, daß es die logische Form des Systems ermöglicht, dieses auf dem Wege der methodischen Nachprüfung negativ auszuzeichnen: Ein empirisch-wissenschaftliches System muß an der Erfahrung scheitern können. ...Gegen das hier vorgeschlagene Abgrenzungskriterium können verschiedene Einwände erhoben werden: Zunächst wird es vielleicht befremden, daß wir von der empirischen Wissenschaft, die uns doch etwas Positives mitteilen soll, etwas Negatives, ihre Widerlegbarkeit postulieren. Der Einwand wiegt nicht schwer, denn wir werden noch zeigen, daß uns ein theoretisch-wissenschaftlicher Satz um so mehr Positives über "unsere Welt" mitteilt, je eher er auf Grund seiner logischen Form mit möglichen besonderen Sätzen in Widerspruch geraten kann. (Nicht umsonst heißen die Naturgesetze "Gesetze": Sie sagen um so mehr, je mehr sie verbieten)".[10]

Analog wird in der Falsifikationsmethode auch mit dem Hilfsmittel der Hypothese gearbeitet, was folgende Sätze verdeutlichen: "Allgemeine empirische Sätze haben im bezug auf die aus ihnen ableitbaren, weniger allgemeinen, immer den Charakter von Hypothesen, d.h., sie können durch Falsifikation eines von diesen weniger allgemeinen Sätzen falsifiziert werden. Aber auch die weniger allgemeinen Sätze eines solchen hypothetisch-deduktiven Systems sind noch immer im Sinne unserer Begriffsbestimmungen "allgemeine Sätze". Der hypothetische Charakter solcher allgemeiner Sätze von niedriger Allgemeinstufe wird oft übersehen. ...Wir werden sogar von besonderen Sätzen sagen, daß sie insofern hypothetischen Charakter haben, als aus ihnen mit Hilfe des Systems Folgesätze ableitbar sind, durch deren Falsifikation sie mit betroffen werden".[11]

Daß diese Methode, obwohl sie nicht zu eindeutig verifizierbaren Ergebnissen gelangt, trotz allem Schlußfolgerungen zu ziehen erlaubt, können wir folgendem Beispiel entnehmen: "Die falsifizierenden Schlüsse, von denen hier die Rede ist, die Schlußweise von der Falsifikation eines Folgesatzes auf die des Satzsystems, aus dem dieser ableitbar ist - der modus tollens der klassischen Logik - können folgendermaßen dargestellt werden. Ist p ein Folgesatz eines Satzsystems t, das aus Theorie und Randbedingungen bestehen möge (Zwischen denen wir hier der Einfachheit halber nicht unterscheiden), so können wir das Ableitbarkeitsverhältnis (analytisches Implikationsverhältnis) zwischen t und p durch $t \rightarrow p$, zu lesen: "t impliziert p", symbolisieren. Wir nehmen nun an, p sei "falsch", was wir durch $\bar{p}$, zu lesen: "non-p", bezeichnen. Aufgrund des Ableitbarkeitsverhältnisses $t \rightarrow p$ und der Annahme $\bar{p}$ dürfen wir dann auf $\bar{t}$ schließen, also t als falsifiziert betrachten. Bezeichnen wir die Konjunktion (gleichzeitige Behauptung) zweier Sätze durch einen zwischen sie gesetzten Punkt, so können wir den falsifizierenden Schluß schreiben: $(t \rightarrow p) \cdot \bar{p} \rightarrow \bar{t}$; oder in Worten: Ist p aus t ableitbar und ist p falsch, so ist auch t falsch".[12]

Zusammenfassung:

Für die Dialektik als Methode können wir ersehen, daß sich vorurteilsfrei an Gegenstände herangewagt wird, die sehr gerne mit Vorurteilen belegt werden, nämlich an Sinnfragen des Daseins. Methodisch werden zunächst nur rationale Kriterien zugelassen, wie das richtige Teilen, die Widerspruchsfreiheit, das Beispiel, das tertium comperationis, der relative Maßstab und die Hypothese, die zur Verwerfung von Meinungen führen. Diese rationalen Kriterien werden im Gespräch angewandt und begründet, womit dem Gesprächspartner der Nachvollzug sowie die Anwendung der Kriterien an die Hand gegeben sind. Das Ergebnis dialektischen Vorgehens ist, weil auf rationalem, widerspruchsfreiem Weg gefunden, die Haltbarkeit der Ergebnisse. Da die Sinnfragen des Lebens jedoch notwendigerweise an einen Punkt führen, wo die rationalen Kriterien nicht mehr ausreichen, müssen normative Kriterien eingeführt werden. Dies geschieht in den platonischen Dialogen meist über Mythen.
Da die von Sokrates gesetzten normativen Maßstäbe uns durch die Mythen zugänglich sind, möchte ich an dieser Stelle gesondert auf sie eingehen.

2. Die Unzulänglichkeit der formalen Logik

Im "Menon" wird an der Stelle, wo die rationalen Kriterien nicht mehr wirksam sind, insofern sie keine Möglichkeit der weiteren rationalen Erörterung der Frage eröffnen, der Mythos von der Seelenwanderung eingeführt. Vergegenwärtigen wir uns folgendes: Die Möglichkeit, zu suchen, was man nicht weiß, wird von Menon bezweifelt. Dies würde zur Folge haben, daß die Frage nach dem Wesen der Tugend, da dies durch rationale Annahmen nicht weiter zu bestimmen erscheint, fallen gelassen werden muß. Der Mythos von der Seelenwanderung sagt inhaltlich folgendes aus: Die Priester und Priesterinnen, genauso wie viele Dichter auch, sagen, daß die Seele des Menschen unsterblich ist. Zwar stirbt der Körper des Menschen mit dem Tod, die unsterbliche Seele aber wird wiedergeboren. Da die Seele des Menschen aber oftmals geboren wird, hat sie auch schon alles in Erfahrung gebracht, sie weiß alles, und der Mensch muß sich also nur wiedererinnern.[13] Dieses Wiedererinnern, was wir lernen nennen, ist auch dann möglich, wenn die Menschen gar nicht wissen, was sie zu suchen haben. Auf der formalen Ebene können wir den Mythos der Seelenwanderung und der Wiedererinnerung so interpretieren: Der Mythos greift die Aussage des Menon, daß man nicht suchen kann, was man nicht weiß, an, indem er durch die Seelenwanderung zumindest das verschüttete Wissen der Seele um alle Dinge konstatiert. Auch in der Sprache und in der Realität läßt sich dieses verschüttete Wissen ansatzweise festmachen. Zu Anfang glauben sowohl Anytos als auch Menon daran, daß sie wissen, was die Tugend ist. Da sie etwas, was sie bloß ahnen und als Wissen zu besitzen glauben, mit dem Namen Tugend bezeichnen, existiert sogar ein Begriff, den man nicht haben kann, wenn keine Vorahnung über den Inhalt der Tugend vorhanden ist. Gänzliches Unwissen über den Gegenstand besteht also nicht. Dadurch, daß Sokrates die Tatsache, daß man sehr wohl suchen kann, was man noch nicht weiß, an einem geometrischen Beispiel vorführt, erhalten wir noch eine weitere formale Kategorie. Das Beispiel bezieht sich auf ein Quadrat. Das

Quadrat mit dem Flächeninhalt vier hat die Seitenlänge zwei. Will ich nun ein Quadrat mit dem Flächeninhalt acht erhalten, welche Seitenlänge besitzen dann die Seiten des Quatrats? Dies ist die Frage, die Sokrates dem Sklaven des Menon stellt. Vier, ist dessen Antwort, worauf Sokrates ihm deutlich macht, daß er damit ein Quadrat gezeichnet habe, das den Flächeninhalt sechzehn hat, somit nicht das Doppelte des Ausgangsquadrates, sondern das Vierfache dessen darstellt. Die Lösung muß also zwischen vier und zwei als Seitenlänge liegen, was zur Folge hat, daß der Knabe die Seitenlänge drei für das Quadrat mit dem Flächeninhalt acht vermutet. Der Flächeninhalt des Quadrates mit der Seitenlänge drei ist aber neun. Daraufhin ist der Knabe doch ein wenig verwirrt, möchte aber nun gerne die richtige Lösung wissen, bei deren Findung Sokrates ihm behilflich ist. Sokrates malt vier Quatrate mit dem Flächeninhalt vier auf, die wie ein Quadrat mit dem Flächeninhalt sechzehn aneinandergezeichnet sind. Zieht man nun durch jedes dieser Quadrate die Diagonale, so erhält man innerhalb dieses insgesamt 16-füßigen Quadrats das Quadrat mit dem Flächeninhalt acht. Da die Diagonale die Quadrate jeweils in zwei gleiche Hälften teilt, ist an der Richtigkeit dieser Lösung nicht zu zweifeln.[14]

Das formale Kriterium, welches wir durch das geometrische Beispiel dazugewinnen, ist, daß man nur auf der Prämisse des Flächeninhalts, nicht aber auf der der Seitenlänge, der Lösung näher kommen kann. Genau dasselbe bewirkt auch der Mythos, eine nützliche Verschiebung der Ebene, denn die ideelle Dimension des Mythos ist folgende: Nur wenn es eine "höhere" Gerechtigkeit oder einen "höheren" Maßstab gibt, lohnt es sich, weiter nach der Tugend zu fragen. Unter der Prämisse, daß es keinen solchen Maßstab gibt, wäre es ja auch nicht weiter schlimm, die Tugend der Beliebigkeit der je empirischen Deutungen auszuliefern. Nur wenn man einen "höheren" Maßstab annimmt und diesen auch als objektiv setzt, kann es von Vorteil sein, weiterzufragen. Genau dieselbe Ebene finden wir ebenfalls im geometrischen Beispiel wieder, da man im Grunde nur annehmen kann - den logischen Gesetzen folgend -, daß es ein Quadrat mit dem Flächeninhalt acht überhaupt gibt, sinnlich wahrnehmbar kann dieses Quadrat aber eigentlich nie sein, weil es eine Seitenlänge besitzt, die eine periodische Zahl ist, also gegen Unendlich geht.

Zusammenfassend kann man festhalten, daß der Mythos im "Menon" zweierlei bewirkt: Erstens die Weiterführung des Gesprächs durch die Verschiebung der Seinsebene und zweitens, in der Anerkennung eines "höheren" Maßstabs, die Voraussetzung der rationalen Weiterführung. Außerdem erwirkt die Weiterführung des Gesprächs tatsächlich eine Näherung oder Verbesserung, indem nämlich durch die Hypothese die Ausgangsfrage nach der angeborenen Natur der Tugend eindeutig verneint werden kann. Insgesamt hat das Gespräch für Menon zur Folge, daß er die Komplexität des Gegenstands, über den er am Anfang glaubte zu wissen, was er sei, erst erkennt. Man kann somit von einer "Umkehr" des Menon sprechen, da er sich erst durch dieses Gespräch dem Gegenstand wirklich zugewandt hat. Am Ende des Dialogs "Menon" und z.B. auch des Dialogs "Theaitetos" steht also, wenn auch keine absolute, positive Klärung der Sache, so doch eine erkenntnistheoretische Verbesserung. Der Komplexität des Gegenstands ist die höhere Differenziertheit der Prüfung und Komplexität des Ergebnisses adäquat.[15]

Betrachten wir nun den Mythos im "Politikos". Der Mythos, den der Fremde erzählt, ist ein Ursprungsmythos, ein Mythos über die Entstehung der Welt. Sein Inhalt ist zusammengefaßt folgender: Vor der jetzigen Zeit gingen, wie die alten Sagen berichten, die Gestirne von der entgegengesetzten Seite auf und auch unter. Die Menschen und Tiere, die auf der Erde lebten, entsprangen der Erde, wurden also nicht geboren und lebten unter paradiesischen Bedingungen. Das Klima war nicht beschwerlich, es gab genügend zu essen, so daß die Menschen in keiner Weise für ihre Ernährung, Kleidung oder Versorgung selbst Sorgen tragen mußten. Diese Tatsache des paradiesischen Daseins verdankten die Menschen dem Umstand, daß die Welt von den Göttern und Daimonen geführt und gehütet wurde. Die Tiere wurden - jede Art für sich - von einem Daimonen gehütet, der absolute Sorglosigkeit und Unbeschwerlichkeit des Daseins für seine jeweilige Art garantierte. Die Menschen wurden jedoch von Gott geführt und gehütet, der in jeglicher Hinsicht das Leben der Menschen gut ordnete. Als jedoch die Zeit der Umkehr kam, ließ der Gott die Welt und die Menschen, die er bis dahin nach seinem eigenen konstanten Gesetz der Ordnung gehütet und gelenkt hatte, los. Auch die Daimonen taten dasselbe mit den Tieren, wodurch auf der Erde eine große Erschütterung eintrat. Die wilden Tiere, die nun frei und losgelassen waren, dezimierten sich selbst und die Menschen. Die Menschen aber gerieten in die größten Nöte, weil sie plötzlich für sich selbst Sorge tragen mußten, da die Welt und sie nun unter die Bedingung der Freiheit gesetzt waren. Es entstand ein großes Chaos auf der Erde, verdeutlicht durch die Umkehr der Gestirne, für das die Menschen selbst die Ursache waren, weil ihre Wesensnatur beide Bewegungen, die der Konstanz und die der Regression enthält. Erst allmählich begannen die Menschen, die vorher göttliche konstante Ordnung der Erde selbst zu übernehmen. Allerdings fiel es den Menschen, da sie eben keine Götter waren, sehr schwer, eine ähnliche Ordnung der Welt herzustellen, weil zu ihrer Natur Göttliches und Weltliches gehört. Am Anfang ging es demnach auch noch besser, weil die Menschen sich noch besser an die Herrschaft der Götter erinnern konnten und in Nachahmung dieser die Ordnung der Welt herzustellen suchten. Nachdem die Götter die Welt losgelassen hatten, mußten die Menschen neben der Tatsache, daß sie die Welt und sich selbst ordnen mußten, auch noch für ihre Versorgung, Ernährung und für alle anderen Belange Sorge tragen, weshalb ihnen von den Göttern die Technik und die Künste, sowie die Saat geschenkt wurde. Je länger aber die Welt von den Göttern entfremdet war, desto vergeßlicher wurden die Menschen und desto schlechter die Herrschaft, die sie über sich selbst und die Welt ausübten.[16]

Aus diesem Mythos wird nun inhaltlich ersichtlich, daß der Staatsmann als Herdenzüchter eine verfehlte Einteilung war. Da die Menschen nicht Götter sind, können sie auch nicht sämtliche Belange ihrer Gattung im Auge haben. Höchstens über die Tiere können sie ähnlich herrschen, wie die Daimonen es früher getan haben, allerdings auch nur wieder über die zahmen Tiere, die in Herden leben. Ein weiterer Punkt, der aus dem Mythos hervortritt, ist, daß die Welt frei und selbstbestimmt ist, dem überlassen, was die Menschen auf ihr tun werden. Wollen die Menschen jedoch eine gute Ordnung der Welt schaffen, so müssen sie Ordnungswissen erlangen, also Wissen über die Zusammenhänge der Welt und über den Menschen. Zu diesem Wissen zu gelangen sind sie fähig, weil sie Göttliches in ihrer Natur haben. Allerdings ist in ihrer Natur nicht nur die Fähigkeit, Wissen erreichen zu können angelegt, sondern genauso die Neigung zu Regression und Chaos. für die Bestimmung des Staatsmanns ist dies deshalb wichtig, weil er nur dann ein "wahrer" Herrscher über die Menschen sein kann, wenn er Ordnungswissen anstrebt, bzw. besitzt. Damit die Welt gut geordnet werden kann, muß der normative Anspruch des Herrschers sich auf die vorherige gute Herrschaft des Gottes beziehen. Die Herrschaft aber ist notwendig, da die Welt sonst dem unausweichlichen Verfall ausgeliefert wäre. Wenn die Menschen sich nicht um die Erreichung dieses Wissens bekümmern, vernachlässigen sie den göttlichen, vernünftigen Teil ihres Wesens, und der regressive, chaotische Teil wird die Herrschaft über sie selbst und die Welt übernehmen.

Aus dem Mythos ergibt sich also – unter der Bedingung der Freiheit und des Losgelassenseins der Welt, die von Gott entfremdet ist – die normative Forderung eines Wissens um Ordnung. Dieses Ordnungswissen kann jedoch nur durch rationale und widerspruchsfreie Suche gefunden werden. Letztere wiederum bedarf als Leitidee einer Erinnerung oder Vorstellung einer normativen, guten Ordnung, damit die Rationalität in den Dienst des "Guten" gestellt werden kann.

3. Die Ideenlehre

Genau dies, das Vorhandensein eines offenen normativen Maßstabs, der einerseits an die empirische Realität der Welt und des Menschen geknüpft ist, andererseits jedoch einen ideellen oder transzendenten Maßstab darstellt, nennt Platon die "Idee". Um der Ideenlehre etwas näher zu kommen, möchte ich an dieser Stelle das "Höhlengleichnis" der "Politeia" zu Hilfe nehmen. Das Höhlengleichnis verdeutlicht in dichterischer Form den Erkenntnisprozeß.[17]

Die empirischen Bedingungen der Realität werden mit einem Höhlendasein verglichen, in dem die Menschen – in Ketten gefesselt – nur einen begrenzten Wahrnehmungshorizont besitzen. Da Licht eines Feuers in die Höhle fällt, das – auf eine Mauer geworfen – Schatten bildet, wenn Gegenstände vor dem Feuer vorbeigetragen werden, können die Menschen, die mit dem Kopf zur Mauer gerichtet sind, diese Schatten erkennen. Sie benennen die Schatten auch, suchen Namen für sie und wetteifern miteinander, wer die Schatten zuerst erkannt hat oder am schnellsten benannt hat. Auch schließen sie aus dem Modus der Wiederkehr und des Aufeinanderfolgens der Schatten auf Prinzipien und Verknüpfungen der Schatten. Innerhalb dieser Realität sind die Menschen ganz glücklich und zufrieden. Wenn aber einer von ihnen befreit wird aus seinen Fesseln, umgekehrt wird und nun zum Höhlenausgang gerichtet ist, wird er zunächst geblendet sein vom Licht des Feuers. Er findet den Ausgang nur sehr schwer, weil er den Weg in geblendetem Zustand nicht sieht. So muß er zum Ausgang getrieben werden, weil er in der Gefahr steht, den jetzigen Zustand noch schlimmer zu empfinden als den vorigen und somit das Höhlendasein dem Aufstieg zum Licht vorzuziehen. Ist er aber an den Ausgang gelangt, so versetzt ihm das Sonnenlicht den zweiten Schock. Er wird so sehr geblendet, daß er gar nichts erkennt und am liebsten in die Höhle zurückkriechen möchte. Zwingt man ihn aber weiterzugehen, so kann er zuerst die Dinge betrachten, wenn sie im Schatten liegen, danach kann er die Spiegelbilder im Wasser erkennen, da das Licht durch die Brechung im Wasser gemildert wird. Später kann er sich den wirklichen Dingen zuwenden und sie betrachten, wie sie sind. Zuletzt kann er sogar die Sonne selbst betrachten und er wird sehen, daß die Sonne die Ursache aller Dinge ist, indem sie den Dingen Licht und Farbe gibt, die Jahreszeiten schafft und somit der Grund der Ordnung der wahrnehmbaren Welt ist. Wird ein solcher Mensch, der die wirklichen Dinge und die Ursache dieser Dinge kennt, aber wieder in die Höhle zurückgeschickt, so kann er sich, aus dem Hellen kommend, nun im Dunklen nicht mehr zurechtfinden. Seine früheren Höhlengenossen werden ihn auslachen und vermuten, daß ihn der Aufstieg verdorben habe, da er im Wetteifern mit den Schatten schlechter geworden ist. Erzählt er aber dennoch, daß der Aufstieg sich lohnen würde, weil die wirklichen Dinge erst oben zu betrachten seien, so würden sie ihn umzubringen trachten oder tatsächlich umbringen, wenn er versuchen würde, sie aus den Ketten zu befreien.[18]

Sehr vieles können wir anhand des Höhlengleichnisses auch in den Dialogen wiederfinden. Das erste ist die "schlechte empirische Realität", in die die Menschen gesetzt sind. Dies kommt auch im Mythos des "Politikos" vor, sowie auch im Mythos des "Menon", da das Wissen der Seele ja verschüttet ist. Die zweite Parallele finden wir, indem wir analysieren, was die Menschen aus den schlechten Konditionen machen. Sie begnügen sich nämlich mit diesen und halten die Schatten für die "wahren" Dinge selbst. Zusätzlich erfinden sie auch noch Regeln und Wettspiele auf dieser Grundlage. Auch Menon und Anytos haben beide in der Sicherheit ihres Wissens um den Gegenstand die Untersuchung angetreten. Menon kann aber von Sokrates zur Umkehr bewegt werden, Anytos nicht. Daß man sich nicht selbst umkehren kann, sondern umgedreht werden muß, findet sich im "Höhlengleichnis" wieder, sowie auch die Möglichkeit, sich der Umkehrung zu widersetzen. Die Möglichkeit der Wiedersetzung liegt in der Tatsache begründet, daß die Menschen, wie im Mythos des "Politikos" angesprochen wird, frei und selbstbestimmt sind. Ironischerweise wird Anytos, der sich nicht umdrehen lassen will, später tatsächlich, als einer der Hauptankläger des Sokrates, mitschuldig an dessen Tod, womit auf die historische Wahrheit des Höhlengleichnisses, daß nämlich die Menschen die Philosophen lieber umbringen, als sich umkehren zu lassen, verwiesen wird. Die Mühsal des Aufstiegs zur richtigen Erkenntnis kommt notwendigerweise in allen platonischen Dialogen vor, da der dialektische Weg immer vorgeführt wird. Und dieser ist nun einmal schwieriger und verständlicherweise länger als der vorurteilsbehaftete oder ideologische. Die Basis der relativen Näherung haben wir vor uns in der stufenweisen Betrachtung der Dinge. Die Zuwendung zur Ebene der Verursachung der Dinge und damit die Erkenntnis der Dinge, in allen ihren Dimensionen, ist erst nach der 2. Umkehr, die durch die Zuwendung zur Sonne symbolisiert wird, möglich.

Auf die Erkenntnis philosophischer Fragen angewandt, ist die Sonne[19] dasselbe wie bei Platon die höchste "Idee", die "Idee des Guten". Da man sich ja, wie wir aus den Dialogen und dem Höhlengleichnis ersehen, von Meinungen über die Dinge, die man selbst jedoch für Erkenntnisse hält, lösen muß, benötigt man einen "offenen" Maßstab vom Guten. Hat man diesen nicht, so kann man sich aus der Region der Schatten nicht befreien und wird ewig auf der Ebene der Positionen oder Meinungen um die Dinge streiten, bzw. das für "gut" halten, was einem je nach libidinöser Neigung, so "erscheint". Das Denken der "Idee des Guten" im

Höhlengleichnis ist letztlicher Grund der Dialektik, insofern es die eingangs schon erwähnte "Distanz" psychisch und intellektuell ermöglicht, die Voraussetzung dafür ist, daß eigene ethische Urteile überhaupt- und konsequent - in Frage gestellt, bzw. überprüft werden.

4. Zusammenfassung

Nach der methodischen Darlegung der platonischen Dialektik wissen wir nun besser, was es heißt, daß sich Lehrer und Schüler der rationalen, widerspruchsfreien Methode unterstellen müssen. Letztendlich impliziert diese Forderung nichts anderes als das radikale Einlassen auf die Rationalität, da nur durch den Gebrauch der Vernunft zu Erkenntnissen vorgedrungen werden kann. Das Prinzip der Vernunft ist jedoch bei Sokrates nicht nur formales methodisches Mittel, sondern wird zugleich in den Dienst des "Guten" und "Nützlichen" gestellt. Soll der Gebrauch der Vernunft aber zu haltbaren Ergebnissen im Sinne des "wahren" Guten führen, so darf nicht das, was man so im allgemeinen für gut und richtig hält, zur Grundlage rationalen Denkens gemacht werden, sondern dann muß umgekehrt dieses "Vorwissen" über das vermeintlich Gute methodisch geprüft werden. Dies kann man deswegen als radikales Vernunftspostulat bezeichnen, weil die Menschen dazu neigen, das, was sie für ein "Gut" - per Tradition, per persönlichem Vorteil, per libidinöser Setzung oder wie auch immer bezogen - halten, als unhinterfragbar und richtig vorauszusetzen. Das Einlassen auf die Hinterfragung genau dieser Problematik erfordert aber einen "offenen" Begriff vom "Guten", damit die Vernunft die mühsame Suche nach dem "wahren" Guten bzw. nach haltbaren Prämissen des "Guten" antreten und auch durchhalten kann. Dieser benötigte "offene" Begriff vom "Guten" tritt uns durch die Mythen entgegen, die immer dann eingeführt werden, wenn die formale Logik keine Möglichkeit der Weiterführung des rationalen Gesprächs mehr zuzulassen scheint, bzw. die Logik sich zur Bestimmung des "wahren" Wesens einer Sache als ungenügend herausstellt. Zwar eröffnet der Mythos die ideelle Dimension, die Gesprächsführung bleibt aber, wie wir anhand der Darstellung der Dialoge gesehen haben, weiterhin rational methodisch bestimmt, jetzt allerdings auf der Basis einer qualitativ orientierten Suche nach rational haltbaren Ergebnissen bzw. Annahmen. Der Schüler oder Gesprächspartner gewinnt dadurch einerseits die Möglichkeit des rationalen Nachvollzugs und damit die Fähigkeit zum selbständigen Gebrauch der Prinzipien der Vernunft. Sofern er sich ebenfalls einläßt auf die Suche nach haltbaren ethischen Prämissen auf der Grundlage einer normativ-maßstäblichen "Idee des Guten", eröffnet sich ihm außerdem die Dimension philosophischen Denkens, welches (nach Plato) allein zu "wahren" und "nützlichen" haltbaren Ergebnissen führen kann. Ganz anders dagegen die "emanzipatorische" Theorie. Innerhalb dieser Theorie besteht ja nur insofern ein Interesse an der Vernunft, als die Vernunft das Mittel für die Aufdeckung der "Emanzipation" verhindernden Bedingungen darstellt. Daß die verhindernden Bedingungen jedoch innerhalb der gesellschaftlichen Grundsituation und des entfremdeten Produktionsprozesses zu suchen seien, stand schon eindeutig fest. Die Vernunft wird also in dieser Theorie nicht zur rationalen Klärung der Richtigkeit der Ausgangsprämissen benutzt, wodurch sie sich letztendlich als Mittel der Rationalisierung eines unhinterfragten und für richtig und gut angesehenen Telos entlarvt. Da dieses Telos, wie wir bei Habermas feststellen konnten, durch die "Ichsetzung" mit dem Habermas feststellen konnten, durch die "Ichsetzung" mit dem "wahren" menschlichen Wesen als einer ens causa sui zusammenfällt, appelliert die "emanzipatorische" Theorie im Grunde an die absolute Legitimationsfähigkeit jeder empirischen Setzung des "Guten" schlechthin.[20]

Dies heißt aber, und das ist das Gefährliche dieser Theorie, daß sie mit den gleichen Begriffen, die Platon auch benutzt, genau dem entgegenwirkt, was Platon zu stärken und aufzurichten versucht hat: Dem Vertrauen des Menschen in seine Vernunft, die gerichtet sein muß auf die Suche nach dem haltbaren "Guten", ohne schon inhaltlich genau zu wissen, was dies ist. Die Grundbedingung dieser Suche herzustellen, heißt, zunächst die Lösung von dem für "gut Gehaltenen" zu erreichen. Diesem Auflösen von "Vor-Urteilen", welches sich durch das Eingeständnis der Unwissenheit ausdrückt, hat Sokrates sein Leben gewidmet. Heute dagegen sind wir auf dem bestem Wege, die Unwissenheit mitleidsvoll zu belächeln, und ideologischer Verschlossenheit darüber hinaus die rationale Legitimationsfähigkeit zu bescheinigen.

III. ZUR POLITISCHEN RELEVANZ DER SOKRATISCHEN LEHRMETHODE

1. Einleitung

Im Hauptteil dieser Arbeit habe ich die sokratische Methode hauptsächlich unter pädagogischen Gesichtspunkten behandelt. Wir haben gesehen, daß die sokratische Mäeutik den Schüler zum gleichrangigen Partner erhebt und daß durch den rationalen Nachvollzug dem Ziel der "Selbständigkeit" oder "Mündigkeit" die optimalen Bedingungen bereitet sind, da der methodische Weg zur Erreichung von Erkenntnissen immer vorgeführt wird. Diesen methodischen Weg habe ich versucht, in der Darstellung der platonischen Dialektik herauszuarbeiten. Dabei ist uns aufgefallen, daß die formale Logik nicht ausreicht, will man zu "wesensmäßigen" oder "adäquaten" Erkenntnissen über die Dinge gelangen. Es bedarf dazu vielmehr eines "offenen" Begriffs vom "Guten", der aber gebunden bleibt an die empirische Erfahrung, bzw. von der empirischen Erfahrung ausgeht. Diesen "offenen" Begriff, der es ermöglicht, im Sinne dialektischen Prüfens von der bloß empirischen Erfahrung zu abstrahieren, nennt Platon die "Idee".
In diesem Teil meiner Arbeit möchte ich nun die Relevanz der sokratischen Methode für das praktische Handeln herausstellen. In der Apologie, der Verteidigungsrede, erklärt Sokrates sein eigenes Selbstverständnis als die Frage nach dem "richtigen" Leben bzw. Handeln (prattein). Das Politikverständnis des Sokrates fällt insofern mit seinem Selbstverständnis zusammen, als für ihn Politik das Resultat der menschlichen Handlungen untereinander, also letztlich der Meinungen über das "sinnvolle" oder "richtige" Leben und den daraus folgenden Praktiken, darstellt. Ist aber praktische Politik nichts anderes als Handlungen auf der Prämisse des für "gut" und "richtig" Gehaltenen, so kommt es sehr darauf an, was dieses "Richtige" und "Gute" inhaltlich bedeutet und woraus es sich begründet. Da die sokratische Suche nach dem "richtigen" oder "tugendhaften" Handeln jedoch eine Suche nach widerspruchsfreien, damit haltbaren und verallgemeinerungsfähigen Kriterien der "Tugend" oder des "Guten" ist, ist die Praxis der Erziehung (Mäeutik) zugleich der Versuch, rationales politisches Handeln zu ermöglichen. Daher kann Sokrates mit Recht behaupten, das "wahre" politische Interesse zu besitzen.
Dieser Zusammenfall von sokratischem Selbstverständnis und politischem Handeln soll im Weiteren dargestellt werden.

2. Das "wahre" politische Interesse des Sokrates

Um das "wahre" politische Interesse des Sokrates herauszustellen, möchte ich mich der Apologie, der Verteidigungsrede des Sokrates, zuwenden. Sokrates ist im Jahre 399 v.Chr. von Meletos, Anytos und Lykon angeklagt worden. Die Anklagepunkte lauteten: Sokrates verderbe die Jugend, glaube die Götter, die die Athener glauben, nicht, und führe neue Götter ein. Auf diesen Vorwurf der Asebie stand in der antiken Polis die Todesstrafe. Sokrates, der sich vor Gericht selbst verteidigt, bezieht seine Lebensführung auf einen Spruch des Orakels von

Delphi. Das delphische Orakel ist ein Orakel des Gottes Apollon, der in der sophokleischen Fassung des Mythos, also zur Zeit des Sokrates, als Gott der Vernunft bzw. Selbsterkenntnis angesehen worden ist. Bezeichnenderweise soll auf dem Stein dieses Orakels die Formel gestanden haben: Erkenne dich selbst.[1] Wie Sokrates in seiner Verteidigungsrede erzählt, hat vor langer Zeit einer seiner Freunde, Chairephon, das delphische Orakel befragt, ob wohl jemand weiser sei als Sokrates. Auf diese Frage soll die Pythia geleugnet haben, daß irgendjemand weiser sei. Als Chairephon Sokrates diesen Orakelspuch mitteilt, ist dessen erste Reaktion diese: "...nachdem ich dies gehört, gedachte ich bei mir also: Was meint doch der Gott und was will er etwa andeuten? Denn das bin ich mir doch bewußt, daß ich weder viel noch wenig weise bin. Was meint er also mit der Behauptung, ich sei der Weiseste? Denn lügen wird er doch wohl nicht, das ist ihm ja nicht verstattet. Und lange Zeit konnte ich nicht begreifen, was er meinte; endlich wendete ich mich gar ungern zur Untersuchung der Sache auf folgende Art. Ich ging zu einem von den für weise Gehaltenen, um dort, wenn irgendwo, das Orakel zu überführen und dem Spruch zu zeigen: Dieser ist doch wohl weiser als ich, du aber hast auf mich ausgesagt".[2] Sokrates nimmt also den Orakelspruch unter dem Motto "Erkenne dich selbst" sehr ernst. Er kann sich überhaupt nicht vorstellen, daß das Orakel das Richtige ausgesagt hat, weil er sich selbst gar nicht für so weise hält. So schwankt er, indem er zwar den Orakelspruch für wahr hält, ihn aber nicht so recht glauben kann, bis er einsieht, daß er den Spruch prüfen muß, wenn sich dessen Wahrheit herausstellen soll. Die Prüfung des Orakelspruchs wird Sokrates aber nur möglich auf der Grundlage dieses gewissen "Zweifels" an der Wahrheit, damit eines Zweifels an den Göttern. Glaubt er aber herausfinden zu können, ob das Orakel die Wahrheit sagt, und dies ist ihm ja nur auf der Basis der Anwedung rationaler widerspruchsfreier Kriterien möglich, so muß er implizit voraussetzen, daß die Götter selbst rational sind. "Erkenne dich selbst" heißt für Sokrates demnach Dienst[3] im Auftrag des Gottes, der ihm aufgegeben hat, zu untersuchen, ob der Orakelspruch zutrifft. Daß Sokrates den Orakelspruch in dieser Weise auslegt, ist aber in der Tat revolutionär. Vergegenwärtigen wir uns, daß jeder Glaube sich besonders gerne zurückzieht auf die Diemension des Nicht-Beweisbaren und Nicht-zu-Hinterfragenden, so impliziert die Verhaltensweise des Sokrates, daß man alles, soweit es rational möglich ist, prüfen muß. Sokrates bezieht in der Tat einen "aufklärerischen" Standpunkt, der eine Versöhnung des Gottesglaubens mit der Vernunft anstrebt. Die Vernunft wird bei Sokrates zumindest zur höchsten Göttin, da für ihn ja nur das wahr sein kann, was sich rational überprüfen und nachweisen läßt. Indem er aber erkennt, daß es vieles gibt, was sich nicht eindeutig positiv, sondern nur durch Eingrenzung näherungsweise bestimmen lassen kann, kommt er zur Einsicht in sein Nicht-Wissen. Durch diese seine Einsicht bewahrheitet sich, wie wir noch sehen werden, auch der Orakelspruch, und damit auch die wahre Weisheit der rationalen Götter. Der Weg der rationalen Prüfung führt Sokrates zu den Männern, die er für besonders weise hält bzw. die für besonders weise gehalten werden. Dies sind aber die Staatsmänner und die Dichter, Menschen also, deren Weisheit sich in ihrem Verhalten oder in der Darstellung von menschlichen Handlungen aktualisiert. Man könnte sagen, daß ihre Weisheit auf Erkenntnissen aus dem Bereich der "Lebensweisheiten" beruht. Der antiken Vorstellung gemäß gehört die "Lebensweisheit" jedoch zum Allgemeinwissen, weswegen Sokrates sich anmaßen darf, als Laie diese Männer zu prüfen. Durch deren Befragung muß Sokrates allerdings erkennen, daß die von ihm geprüften Staatsmänner sich zwar selbst und vielen anderen auch sehr weise vorkommen, es aber nicht sind. Bei den Dichtern kommt Sokrates zu demselben Ergebnis. Er findet heraus, daß diese gar nicht recht wissen, warum sie so schöne und weise Dinge geschrieben haben. Dennoch glauben aber auch diese, weil sie so berühmte Dichtungen geschrieben haben, daß sie auf allen anderen Gebieten ebenso weise seien, obwohl sie es nicht sind. Schließlich geht Sokrates auch zu den Handwerkern, da es ihm erscheint, daß diese wenigstens über Fachwissen verfügen, was Sokrates, da er selbst ein Handwerk gelernt hat, beurteilen kann. Über das Fachwissen verfügen dann die Handwerker auch, sie begehen aber den nämlichen Fehler wie die Dichter: "Weil er seine Kunst gründlich erlernt hatte, wollte jeder auch in den anderen wichtigsten Dingen sehr weise sein; und diese ihre Torheit verdeckte jene ihre Weisheit."[4] Immer wieder kommt Sokrates zu dem Schluß, daß er um das wenige klüger ist als die von ihm Geprüften, daß er, was er nicht weiß, auch nicht zu wissen glaubt.[5] Allerdings macht er sich durch die falsifizierende Methode seiner Prüfung, die das Nicht-Wissen der Leute aufdeckt, bei der Bevölkerung sehr unbeliebt. Wir haben ja schon die mögliche Reaktion der Schüler auf die Verwerfung von Meinungen betrachtet. Um wie viel heftiger die Reaktion eines Erwachsenen sein muß, der sich ja zusätzlich noch Erfahrung und Leistungen zurechnet, kann man sich lebhaft vorstellen.

Durch die Zurückführung seiner Lebensführung auf die ernsthafte Prüfung des Orakelspruchs ist der Vorwurf der Asebie eindeutig widerlegt. Dem zweiten Anklagepunkt - er verderbe die Jugend - begegnet Sokrates, indem er sagt, er lehre sie überhaupt nichts. Die jungen Menschen folgen ihm nur und hören ihm zu, wie er die Leute untersucht. Allerdings, räumt er ein, tun sie es ihm oft nach "und versuchen selbst, andere zu untersuchen, und finden dann, glaube ich, eine große Menge solcher Menschen, welche zwar etwas zu wissen glauben, aber wenig oder nichts wissen".[6]

Das bisher Dargestellte hat Sokrates angeführt, um sich gegen die Ankläger zu verteidigen, die seit langer Zeit schon die verkehrte Meinung über ihn verbreiten und so Verleumdungen gegen ihn ausgesprochen haben, ohne ihn gerichtlich anzuklagen. Diese ersten Verleumder fürchtet er, wie er sagt mehr, weil sie lange schon und im Verborgenen gegen ihn gehetzt und Vorurteile aufgebaut haben.

Die Beschuldigungen seiner tatsächlichen Ankläger, die inhaltlich identisch sind mit den Verleumdungen der geheimen Ankläger, geht Sokrates erst jetzt an. Er weist im Gespräch mit Meletos, dem Hauptankläger, dessen Inkompetenz, Inkosequenz und die inhaltliche Unhaltbarkeit der Klage nach. An diesem Punkt beginnt dann die eigentliche Apologie des Sokrates, die inhaltliche Rechtfertigung seiner Lebensführung. Sokrates betont noch einmal ausdrücklich, daß er, wenn er im Prozeß unterliegen sollte, nicht etwa seinen jetzigen Anklägern unterliegen wird, sondern dem üblen Ruf der Menge, der schon viele weise Männer das Leben gekostet hat. Dafür, daß es ehrbar ist, für die gerechte Sache einzustehen, auch wenn sie mit dem Tode bestraft wird, steht ihm als Beispiel Achill. Achill hat an der Absicht, den Hektor zu töten, um seinen Freund Patroklos zu rächen, festgehalten, obwohl er gewußt hat, daß er bald nach dem Tod Hektors selbst sterben muß. Lieber hat er sterben wollen, als aus Angst vor dem Tod seinen Freund nicht zu rächen. Sokrates führt außerdem an, daß er, wenn er den Tod

fürchten würde, seiner eigenen Lebensführung zuwider handeln würde, weil er dann nach dem Prinzip, sich weise zu dünken, es aber nicht zu sein, handeln würde. Da man über den Tod nichts weiß, darf man ihn nicht als Übel fürchten. Nur solche Dinge, die man als Übel erkannt hat, muß man zu meiden suchen, weil aus einem Übel immer nur Schädliches folgen kann. So will Sokrates, wie er betont, auch lieber sterben, als aufhören, nach der Wahrheit zu suchen. Das heißt aber, daß er nicht aufhören wird, die Leute zu untersuchen. Inhaltlich befragt er die Leute nach dem "richtigen" und "guten" Leben, was sich aus folgendem Zitat ablesen läßt: "Bester Mann, als ein Athener aus der größten und für Weisheit und Macht berühmtesten Stadt, schämst du dich nicht, für Geld zwar zu sorgen, wie du dessen aufs meiste erlangst, und für Ruhm und Ehre, für Einsicht aber und Wahrheit und für deine Seele, daß sie sich aufs beste befinde, sorgst du nicht und hieran willst du nicht denken? Und wenn jemand unter euch dies leugnet und behauptet, er denke wohl daran, werde ich ihn nicht gleich loslassen und fortgehen, sondern ihn fragen und prüfen und ausforschen. Und wenn mich dünkt, er besitze keine Tugend, behaupte es aber: so werde ich es ihm verweisen, daß er das Wichtigste geringer achtet und das Schlechtere höher. So werde ich mit Jungen und Alten, wie ich sie eben treffe, verfahren, und mit Fremden und Bürgern, um soviel mehr aber mit euch Bürgern, als ihr mir näher verwandt seid. Denn so, wißt nur, befiehlt es der Gott".[7]
Da Sokrates aber herausfindet, daß die meisten Menschen nicht im Sinne des "wahren" Guten handeln, sondern auf der Basis dessen, was sie für gut ansehen, muß er immer weiter nach dem "wahren" Guten fragen. Das "wahre" Gute muß jedoch verallgemeinerungsfähig sein, daher die sokratische Frage nach dem identischen Nenner der Tugend. Jedes Handeln findet nach Sokrates, der ja sogar glaubt, daß niemand willentlich schlecht handelt[8], immer auf der Basis statt, einem "Gut" gemäß zu handeln. Weil die Politik nichts anderes ist als Handlungen, kommt es somit darauf an, welchem "Gut" gemäß gehandelt wird, zumindest wenn man der Meinung ist, daß die Politik dem Gemeinwohl dienen sollte und nicht Machtpolitik sein soll. Indem Sokrates die Frage nach der "wahren" Tugend unter rationale Kriterien stellt und die Meinungen über die Tugend als Nicht-Wissen entlarvt, stellt er auch die Politik unter rationale Kriterien. Ethik ist somit identisch nicht nur mit der Suche nach dem "richtigen" und "guten" Leben des Einzelnen, sondern auch mit der auf das Gemeinwohl gerichteten praktischen Politik, wie folgende Sätze erhellen: "Denn nichts anderes tue ich, als daß ich umhergehe, um jung und alt unter euch zu überreden, ja nicht für den Leib und für das Vermögen zuvor noch überhaupt so sehr zu sorgen wie für die Seele, das diese aufs beste gedeihe, indem ich zeige, daß nicht aus dem Reichtum die Tugend entsteht, sondern aus der Tugend der Reichtum und alle anderen menschlichen Güter insgesamt, eigentümliche und gemeinschaftliche".[9]
Ist der Gegenstand der praktischen Politik aber Ethik (=Tugend), dann ist das Interesse des Sokrates an der rationalen Bestimmung von Tugend identisch mit p o l i t i s c h e m Interesse. Folgerichtig betont Sokrates in der weiteren Verteidigung seiner Lebensführung den Nutzen, der der athenischen Gemeinschaft aus der uneigennützigen Sorge des Sokrates um die Tugend erwächst, indem er sagt: "Daher ich auch jetzt, ihr Athener, weit davon entfernt bin, um meiner selbst willen mich zu verteidigen, wie einer wohl denken könnte, sondern um euretwillen, damit ihr nicht gegen des Gottes Gabe an euch etwas sündigt durch

meine Verurteilung. Denn wenn ihr mich hinrichtet, werdet ihr nicht leicht einen anderen solchen finden, der ordentlich, sollte es auch lächerlich gesagt scheinen, von dem Gotte der Stadt beigegeben ist, wie einem großen und edlen Rosse, das aber eben seiner Größe wegen sich zur Trägheit neigt und der Anreizung durch einen Sporn bedarf, wie mich der Gott dem Staat als einen solchen zugelegt zu haben scheint, der ich euch einzeln anzuregen, zu überreden und zu verweisen den ganzen Tag nicht aufhöre, überall euch anliegend. Ein anderer solcher nun wird euch nicht leicht wieder werden, ihr Männer... Daß ich aber ein solcher bin, der wohl von dem Gotte der Stadt mag geschenkt sein, das könnt ihr hieraus abnehmen. Denn nicht wie etwas Menschliches sieht es auch, daß ich das meinige samt und sonders versäumt habe und es so viele Jahre schon ertrage, daß meine Angelegenheiten zurückstehen, immer aber die eurigen betreibe, an jeden einzeln mich wendend und wie ein Vater oder älterer Bruder ihm zuredend, sich doch die Tugend angelegen sein zu lassen".[10]

Durch die sokratische Methode, die rationales Prüfen ethischer Fragen ist, entsteht also nicht nur die Philosophie und die Pädagogik als Wissenschaft, sondern ebenfalls die "Wissenschaft" von der Politik. Gegenstand aller dieser Handlungswissenschaften ist letztendlich das "gute" und "richtige" Leben, was die Dimension der Sinnfragen aufreißt. In der Sokratik wird allerdings der Gegenstand dieser Wissenschaften selbst schon der Methode des dialektischen Prüfens unterworfen. Allein aufgrund dieser Voraussetzung kann aber eine "adäquate" Bestimmung des Gegenstands nach haltbaren Prämissen vorgenommen werden. Auch wenn sich die schwierigen Fragen der Politik, Philosophie und Pädagogik nicht eindeutig positiv bestimmen lassen können, so bietet die sokratische Prüfung doch die Möglichkeit, Zwischenergebnisse und eindeutig falsche Bestimmungen festzustellen. Das bedeutet aber, daß, sofern sich eine Ansicht oder Meinung als unhaltbar oder falsch herausgestellt hat, die Möglichkeit, sich nach einer falschen Prämisse im Handeln zu orientieren, ausgeschlossen werden könnte. Das Ergebnis der sokratischen Methode wäre also, Fehler bzw. falsches Verhalten aufgrund falscher Annahmen über die Dinge möglichst vermeidbar zu machen. Da die Menschen aber, wie wir insgesamt aus den platonischen Dialogen ersehen können, schon die Grundlage des Prüfens einer Meinung verhindern wollen (rhetorische Tricks, usw.), muß man wohl annehmen, daß diese konsequente Voraussetzung der sokratischen Methode eine so große Irritation darstellt, daß sie für die meisten Leute unannehmbar scheint. Damit berauben sich die Menschen jedoch der Möglichkeit, was besonders für die Politik schwerwiegende Folgen hat, spezifische Dilemmata der ethischen, philosophischen und politischen Fragen überhaupt zu entdecken. Folglich werden sie naiv, wie die Ankläger des Sokrates, meinen, daß es ausreicht, einen skeptischen und unbequemen Fragesteller hinzurichten, damit die harmonische politische Ordnung wiederhergestellt ist, ohne zu berücksichtigen, daß die politische Ordnung ohnehin ein sehr viel komplexeres Problem darstellt.

SCHLUSSBEMERKUNGEN

Zusammenfassend möchte ich noch einmal herausstellen, daß in der sokratischen Mäeutik der Versuch gemacht wird, dem Schüler die Mittel bzw. die Erkenntniskategorien des rationalen Prüfens selbst an die Hand zu geben. Dies allein kann dem Schüler - wie wir vorher schon betont haben - ermöglichen, ein im rationalen Sinne "selbständiger" und "mündiger" Mensch zu werden. Gleichzeitig ist uns anhand der Darstellung der Dialektik aufgefallen, daß es bei der sokratischen Methode nicht um das bloße praktische Erkennen und Urteilen geht, sondern vielmehr um rational begründetes ethisches Urteilsvermögen. Da die rein formale Logkik jedoch nicht hinreichend ist, wenn es um ethische Urteile geht bzw. dem Urteilsvermögen immer schon implizit - wie wir anhand des Dialogs Menon eindrücklich sehen konnten - "Vor-Urteile" über das, was für "gut" und "richtig" gehalten wird, zugrundeliegen, ist der Hauptgewinn der platonischen Dialektik darin zu erblicken, daß ein offener Begriff vom "Guten" angestrebt wird. Dieser offene Begriff vom "Guten" oder die "Idee des Guten" ist aber die Voraussetzung dafür, daß ethisches Urteilen nicht der Beliebigkeit der je konkreten und möglicherweise gegensätzlichen Vorstellungen anheim gegeben werden muß. Der offene Begriff vom "Guten" ist zugleich die notwendige Folge der stringenten Anwendung rationaler Kriterien, die - und das ist das Einmalige und auch Revolutionäre der sokratischen Methode - vor der rationalen Prüfung der vorgefaßten Meinungen über ethische Kategorien nicht Halt macht. Wenn diese vorgefaßten Meinungen jedoch einer rationalen Prüfung auf der Basis eines offenen Begriffs vom "Guten" unterzogen werden, dann wird sich immer herausstellen, daß es "das Gute" in concreto bzw. als apriorische Kategorie nicht gibt. Das heißt aber nicht, daß es kein "Gutes" gibt, sondern nur, daß unter Zugrundelegung eines nicht konkreten, offenen Begriffs mit Hilfe rationaler Methoden feststellbar bzw. erkennbar ist, was ethisch "besser" oder "schlechter" ist. Die "Idee des Guten" stellt sich uns somit als Richtungsfaktor rational begründeten ethischen Urteilens und damit zugleich ethischen Handelns dar. Indem also auf diese Weise eine doktrinär oder statisch gefaßte Charakterisierung des "Guten" ausgeschlossen werden kann, könnte man die sokratische Methode, das Lernen zu lehren als den Versuch beschreiben, die Schüler weder doktrinär zu belehren, noch das Urteilen der Beliebigkeit der je individuellen Meinungen zu überlassen.

Dazu bedarf es aber von seiten des Lehrers und der Schüler einer ungeheuren Distanzfähigkeit den eigenen Meinungen gegenüber, die inhaltlich in der Fähigkeit, das eigene "Nicht-Wissen" zu ertragen, liegt. Diese Fähigkeit - die in der modernen Pädagogik gänzlich aus dem Blickfeld geraten ist - wird in der sokratischen Methode durch das sichere Vertrauen in die Vernunft gestützt und getragen. Der Schüler verliert also durch die Verwerfung seiner Meinung nicht den Boden unter den Füßen, sondern kann den sicheren Boden begründeten, rationalen Denkens gewinnen, der die Grundlage des zur "wahren" Selbständigkeit und Mündigkeit führenden "kritischen Vermögens" ist.

ANMERKUNGEN

Einleitung

1   Richtlinien für den Politik-Unterricht,
    herausgegeben vom Kultusminister des Landes Nordrhein-Westfalen,
    2. Auflage, Düsseldorf 1974, Seite 7

2   ebd., Seite 9 und Seite 10

3   ebd., Seite 10

4   ebd., Seite 6

5   ebd., Seite 5

6   H.J. Herwig, Die Entmachtung des Geistes durch Wissen als Macht.
    Zum Selbstverständnis moderner Wissenschaft als Ursache der
    Zerstörung politischen Bewußtseins, in: Wissenschaft im Dialog e.V. (Hrsg.),
    Wem nützt die Wissenschaft?, München 1981, Seite 54

7   ebd., Seite 54

8   P. Weber-Schäfer, Die private Kleinuniversität - eine Alternative
    zur reformierten Massenuniversität?, in: H.A. Glaser (Hrsg.),
    Hochschulreform - und was nun?, Frankfurt am M./Berlin/Wien 1982,
    Seite 371

9   H.J. Herwig, Die Entmachtung des Geistes durch Wissen als Macht.
    Zum Selbstverständis moderner Wissenschaft als Ursache der Zerstörung
    politischen Bewußtseins, in: Wissenschaft im Dialog e.V. (Hrsg.),
    Wem nützt die Wissenschaft?, München 1981, Seite 55

10 ebd., Seite 55

11 vgl. ebd., Seite 55 ff

12 ebd., Seite 57

13 P. Weber-Schäfer, Die private Kleinuniversität - eine Alternative
    zur reformierten Massenuniversität?, in: H.A. Glaser (Hrsg.),
    Hochschulreform - und was nun?, Frankfurt am M./Berlin/Wien 1982,
    Seite 374 f

14   Richtlinien für den Politik-Unterricht,
     herausgegeben vom Kultusminister des Landes Nordrhein-Westfalen,
     2. Auflage, Düsseldorf 1974, Seite 10

15   vgl. z.B. Das neue Lexikon der Pädagogik, Bd. I, H. Rombach (Hrsg.),
     Freiburg 1970, S. 293 ff;
     Lexikon der Pädagogik, Bd.I, H. Kleinert u.a. (Hrsg.),
     Bern 1950, Seite 287 ff

16   vgl. hierzu die philospohisch-politische Interpretation des 7. Platonbriefes
     von Rainer Thurnher. Thurnher betont ebenfalls die Notwendigkeit, von der
     bisherigen traditionellen Platoninterpretation abzugehen, weswegen er eine
     Neuübersetzung vornimmt, die die Grundlage seiner philosophischen
     Bearbeitung darstellt.

I. A

1   vgl. Platon, Theaitetos, Hamburg 1958 (83.-87.000, 1980)
     144 a-b, Seite 108

2   ebd., 147 a-b, Seite 111

3   ebd., 147 d-148 d, Seite 112 f

4   ebd., 148 e, Seite 113

5   ebd., 149 a-151 d, Seite 113 ff

6   L. Nelson, Vom Selbstvertrauen der Vernunft, darin:
     Die sokratische Methode, Hamburg 1975, Seite 237

7   R. Oerter, Moderne Entwicklungspsychologie, 18. Auflage,
     Donauwörth 1980, Seite 58

8   ebd., Seite 59

9   ebd., Seite 60 f

10   ebd., Seite 61 ff

11   ebd., Seite 65

12   ebd., Seite 69

13   ebd., Seite 92

14   ebd., Seite 92

15   Platon, Politeia, Der Staat, Stuttgart 1978, II 377 a-b,
     Seite 144

16   ebd., II 377 a - III 416 e, Seite 144-196

17   vgl. A. Görlitz, Politische Sozialisation, Stuttgart/Berlin/Köln/
     Mainz 1977, Seite 51 ff

18   L. Nelson, Vom Selbstvertrauen der Vernunft, Hamburg 1975, Seite 225

19   ebd., Seite 197

20   ebd., Seite 230

21   W. Klafki u.a., Funk-Kolleg Erziehungswissenschaft 3,
     Frankfurt/Main 1971, Seite 264
     vgl. auch: H.-J. Heydorn, Zu einer Neufassung des Bildungsbegriffs,
     Frankfurt/Main 1972, Seite 7

22   K. Mollenhauer, Erziehung und Emanzipation, 7. Auflage, München 1977,
     Seite 9-10

23   ebd., Seite 10

24   W. Klafki u.a., Funk-Kolleg Erziehungswissenschaft 3,
     Frankfurt/Main 1971, Seite 264

25   H.-J. Gamm, Kritische Schule, München 1970, Seite 221

26   W. Lempert, Zum Begriff der Emanzipation, in: M. Greiffenhagen (Hrsg.),
     Emanzipation, Hamburg 1973, Seite 218

27   Schäfer/Schaller, Kritische Erziehungswissenschaft und kommunikative
     Didaktik, Heidelberg 1971, Seite 160

28   H.-J. Heydorn, Zu einer Neufassung des Bildungsbegriffs,
     Frankfurt/Main 1972, Seite 7, Seite 10

29   H. Scheer, Politische Partizipation zwischen Mitgestaltung und
     Selbstverwaltung. Notizen zum Emanzipations- und Demokratisierungsbefund,
     in: M. Greiffenhagen (Hrsg.), Emanzipation, Hamburg 1973,
     Seite 159

30   H. Roth, Erziehungswissenschaft - Schulreform - Bildungspolitik,
     Berlin 1970, Seite 24

31   K. Mollenhauer, Erziehung und Emanzipation, 7. Auflage, München 1977,
     Seite 10

32   ebd., Seite 11

33   W. Lempert, Zum Begriff der Emanzipation, in: M. Greiffenhagen (Hrsg.)
     Emanzipation, Hamburg 1973, Seite 217

34   K. Eyferth, Psychologie und Emanzipation, in: M. Greiffenhagen (Hrsg.)
     Emanzipation, Hamburg 1973, Seite 259

35   H.-J. Heydorn, Zu einer Neufassung des Bildungsbegriffs,
     Frankfurt/Main 1972, Seite 149

36   Ch. Graf von Krockow, Leistungsprinzip und Emanzipation, in:
     M. Greiffenhagen (Hrsg.), Emanzipation, Hamburg 1973, Seite 87

37   W. Klafki u.a., Funk-Kolleg Erziehungswissenschaft 3,
      Frankfurt/Main 1971, Seite 263 f

38   H. Herwig, Formen des Emanzipationsbegriffs, München 1980, Seite 107

39   K. Mollenhauer, Erziehung und Emanzipation, 7. Auflage, München 1977,
      Seite 69

40   ebd., Seite 19

41   W. Klafki u.a., Funk-Kolleg Erziehungswissenschaft 3,
      Frankfurt/Main 1971, Seite 265

42   ebd., Seite 265

43   K. Mollenhauer, Erziehung und Emanzipation, 7. Auflage, München 1977,
      Seite 10

44   W. Klafki u.a., Funk-Kolleg Erziehungswissenschaft 3,
      Frankfurt/Main 1971, Seite 264

45   K. Mollenhauer, Erziehung und Emanzipation, 7. Auflage, München 1977,
      Seite 11

46   vgl. E. Stein, Das Recht des Kindes auf Selbstentfaltung in der
      Schule, Darmstadt 1967, Seite 17

47   H.-J. Gamm, Kritische Schule, München 1970, Seite 17

48   ebd., Seite 17

49   ebd., Seite 26

50   ebd., Seite 26

51   ebd., Seite 26

52   ebd., Seite 36

53   ebd., Seite 37

54   ebd., Seite 45

55   ebd., Seite 54

56   ebd., Seite 116

57   H.-J. Krahl, Angaben zur Person, in: ders. Konstitution und
     Klassenkampf. Schriften, Reden und Entwürfe aus den Jahren
     1966 - 1970, Frankfurt/Main 1971, Seite 29

58   H. Kohut, Narzißmus, Frankfurt 1973, Seite 355

59   Ch. Lasch, Das Zeitalter des Narzißmus, München 1980, Seite 35

60   W. Correll, Lernpsychologie, (99-103 Tausend 1978), Donauwörth 1961,
     Seite 41

61   ebd., Seite 20 f

62   ebd., Seite 22

63   ebd., Seite 23

64   ebd., Seite 24

65   ebd., Seite 24

66   ebd., Seite 24

67   vgl. ebd., Seite 25

68   vgl. R. Oerter, Moderne Entwicklungspsychologie, 18. Auflage,
     Donauwörth 1980, Seite 105

69   W. Correll, Lernpsychologie, Donauwörth 1978, Seite 26

70   vgl. ebd., Seite 27 f

71   ebd., Seite 28

72   E.L. Thorndike, Educational psychology, Vol II, New York 1940,
     Seite 2 ff

73   W. Correll, Lernpsychologie, Donauwörth 1978, Seite 29

74   R. Oerter, Moderne Entwicklungspsychologie, 18. Auflage,
     Donauwörth 1980, Seite 98

75   ebd., Seite 99

76   ebd., Seite 99

77   W. Correll, Lernpsychologie, Donauwörth 1978, Seite 32

78   B.F. Skinner, Science and human behavior, New York 1953, Seite 65

79   W. Correll, Lernpsychologie, Donauwörth 1978, Seite 35

80   ebd., Seite 35

81   R. Oerter, Moderne Entwicklungspsychologie, 18. Auflage,
     Donauwörth 1980, Seite 99

82   W. Correll, Lernpsychologie, Donauwörth 1978, Seite 38

83   ebd., Seite 38

84   ebd., Seite 38

85   ebd., Seite 39

86   ebd., Seite 42

87   ebd., Seite 42

88   J. Dewey, Wie wir denken, Zürich 1951, Seite 75

89   W. Correll, Lernpsychologie, Donauwörth 1978, Seite 43

90   ebd., Seite 43

91   ebd., Seite 44

92   ebd., Seite 44

93   ebd., Seite 46

94   ebd., Seite 46

95   ebd., Seite 47

96   ebd., Seite 47

97   ebd., Seite 47

98   ebd., Seite 47

99   vgl. Platon, Theaitetos, Hamburg 1980, 151 c–d, Seite 115 f

100 W. Correll, Lernpsychologie, Donauwörth 1978, Seite 43

101 ebd., Seite 52

102   ebd., Seite 53

103   ebd., Seite 57

104   ebd., Seite 59

105   ebd., Seite 59

106   vgl. ebd., Seite 60

107   ebd., Seite 60 f

108   ebd., Seite 61

109   ebd., Seite 38

110   vgl. Julien Benda, Der Verrat der Intellektuellen, München/Wien 1978;
vgl. St. Andreski, Die Hexenmeister der Sozialwissenschaften,
München 1974, Seite 190 ff

111   L. Nelson, Vom Selbstvertrauen der Vernunft, darin:
Die sokratische Methode, Hamburg 1975, Seite 221

112   H. Herwig, Formen des Emanzipationsbegriffs, München 1980, Seite 109

113   J. Habermas, Erkenntnis und Interesse, Frankfurt 1968, Seite 254,
Seite 53 f

114   ebd., Seite 53 f

115   ebd., Seite 254

116   ebd., Seite 257

117   J. Habermas, Technik und Wissenschaft als "Ideologie",
10. Auflage 1979, Seite 164

118   J. Habermas, Erkenntnis und Interesse, Frankfurt 1968, Seite 244

119   J. Habermas, Technik und Wissenschaft als "Ideologie",
10. Auflage 1979, Seite 164

120   J. Habermas, Erkenntnis und Interesse, Frankfurt 1968, Seite 54 f

121   H. Herwig, Selbstbestimmung als Prinzip politischer Praxis, in:
PVS Politische Vierteljahresschrift, 19. Jg. 1978,
Sonderheft 9/1978, Seite 37

122   ebd., Seite 38

123   ebd., Seite 39

124   J. Habermas, Technik und Wissenschaft als "Ideologie",
       10. Auflage 1979, Seite 164

125   ebd., Seite 164

126   W. Klafki u.a., Funk-Kolleg Erziehungswissenschaft 3,
       Frankfurt/Main 1971, Seite 264

127   E. Voegelin, Anamnesis. Zur Theorie der Geschichte und Politik,
       München 1966, Seite 239-253

II. B

1 vgl. Platon, Politikos, Hamburg 1959 (70.-74.000 1980), 263 b, Seite 18

2 J. Stenzel, Studien zur Entwicklung der platonischen Dialektik von Sokrates zu Aristoteles, 4. Auflage, Darmstadt 1974, Seite 47 f

3 Platon, Politikos, Hamburg 1959, 264 b, Seite 19

4 vgl. ebd., 284 c, Seite 41

5 vgl. ebd., 284 b, Seite 41; E. Voegelin, Anamnesis. Zur Theorie der Geschichte und Politik, München 1966, Seite 247

6 vgl. Platon, Menon, Hamburg 1957 (111.-115.000 1979), 70 a, Seite 10

7 vgl. ebd., 71 e-72 a, Seite 11

8 vgl. ebd., 72 d-e, Seite 12

9 vgl. ebd., 75 d- 76a, Seite 15 f

10 K. Popper, Logik der Forschung, 2. Auflage, Tübingen 1966, Seite 14 f

11 ebd., Seite 44 f

12 ebd., Seite 45

13 vgl. Platon, Menon, Hamburg 1957, 81 c-82 b, Seite 21 f

14 vgl. ebd., 82 c-85 b, Seite 22-26

15 vgl. M. Edelman, Politik als Ritual. Die symbolische Funktion staatlicher Institutionen und politischen Handelns, Frankfurt/Main 1976, Seite 92 f

16 vgl. Platon, Politikos, Hamburg 1959, 273 b-c, Seite 29

17 vgl. Platon, Politeia, Hamburg 1958 (136.-140.000 1977), 517 b, Seite 226

18 vgl. Platon, Der Staat (Politeia), Stuttgart 1978, VII 517 a, Seite 316

19 vgl. ebd., VII 517 b-c, Seite 317; VI 508 a-c, Seite 308

20 vgl. Punkt 4.3. dieser Arbeit: Folgen der modernen Pädagogik: Der Verlust des "höheren" Unterscheidungsvermögens.

III.

1   vgl. Der Monat, 31. Jahrgang, Heft 1 Februar/März 1979,
     darin: H.J. Herwig, Ödipus auf der Couch. Wie Freud, Jung und
     Neumann einen Mythos inszenierten, Seite 131 f

2   Platon, Apologie, Hamburg 1957 (151.-155.000 1980), 21 c, Seite 12

3   vgl. ebd., 23 c, Seite 14; 30 a, Seite 20

4   ebd., 22 d, Seite 14

5   vgl. ebd., 21 d, Seite 13

6.   ebd., 23 c, Steite 14

7   ebd., 29 d-30 a, Seite 20

8   vgl. Platon, Menon, Hamburg 1957, 77 a-78 b, Seite 17 f

9   Platon, Apologie, Hamburg 1957, 30 b, Seite 20

10   ebd., 30 d-31 b, Seite 21

LITERATURVERZEICHNIS

Andreski, Stanislav — Die Hexenmeister der Sozialwissenschaften, München 1974

Benda, Julien — Der Verrat der Intellektuellen, München/Wien 1978

Correll, Werner — Lernpsychologie, (99.-103 Tausend 1978) Donauwörth 1961

Dewey, John — Wie wir denken, Zürich 1951

Edelman, Murray — Politik als Ritual. Die symbolische Funktion staatlicher Institutionen und politischen Handelns, Frankfurt 1976

Eyferth, Klaus — Psychologie und Emanzipation, in: M. Greiffenhagen (Hrsg.), Emanzipation, Hamburg 1973

Gamm, Hans-Jochen — Kritische Schule, München 1970

Görlitz, Axel — Politische Sozialisation, Stuttgart/Berlin/Köln/Mainz 1977

Habermas, Jürgen — Erkenntnis und Interesse, Frankfurt 1968

Habermas, Jürgen — Technik und Wissenschaft als "Ideologie", 10. Auflage, Frankfurt 1979

Herwig, Hedda J. — Die Entmachtung des Geistes durch Wissen als Macht. Zum Selbstverständnis moderner Wissenschaft als Ursache der Zerstörung politischen Bewußtseins, in: Wissenschaft im Dialog e.V. (Hrsg.), Wem nützt die Wissenschaft?, München 1981

Herwig, Hedda J. — Formen des Emanzipationsbegriffs, München 1980

Herwig, Hedda J. — Ödipus auf der Couch. Wie Freud, Jung und Neumann einen Mythos inszenierten, in: Der Monat, 31. Jahrgang, Heft 1, Februar/März 1979

Herwig, Hedda J. — Selbstbestimmung als Prinzip politischer Praxis, in: PVS Politische Vierteljahresschrift, 19. Jg. 1978, Sonderheft 9/1978

Heydorn, Hans-Joachim — Zu einer Neufassung des Bildungsbegriffs, Frankfurt/Main 1972

Klafki, Wolfgang u.a. — Funk-Kolleg Erziehungswissenschaft 3, Frankfurt/Main 1971

Kohut, Heinz — Narzißmus, Frankfurt 1973

Krahl, Hans-Joachim — Angaben zur Person, in: ders.: Konstitution und Klassenkampf. Schriften, Reden und Entwürfe aus den Jahren 1966-70, Frankfurt/Main 1971

Krockow, Christian, von — Leistungsprinzip und Emanzipation, in: M. Greiffenhagen (Hrsg.), Emanzipation, Hamburg 1973

Lasch, Christopher — Das Zeitalter des Narzißmus, München 1980

Lempert, Wolfgang — Zum Begriff der Emanzipation, in: M. Greifenhagen (Hrsg.), Emanzipation, Hamburg 1973

Mollenhauer, Klaus — Erziehung und Emanzipation, 7. Auflage, München 1977

Nelson, Leonard — Vom Selbstvertrauen der Vernunft, darin: Die sokratische Methode, Hamburg 1975

Oerter, Rolf — Moderne Entwicklungspsychologie, 18. Auflage, Donauwörth 1980

Platon — Apologie, Hamburg 1957 (151.-155.000 1980)

Platon — Menon, Hamburg 1957 (111.-115.000 1979)

Platon — Der Staat, Stuttgart 1978

Platon — Politeia, Hamburg 1958 (136.-140.000 1977)

Platon — Politikos, Hamburg 1959 (70.-74.000 1980)

Platon   Theaitetos, Hamburg 1958 (83.-87.000 1980)

Popper, Karl   Logik der Forschung, 2. Auflage, Tübingen 1966

Richtlinien für den Politik-Unterricht, Herausgegeben vom Kultusminister des
Landes Nordrhein-Westfalen, 2. Auflage, Düsseldorf 1974

Roth, Heinrich   Erziehungswissenschaft - Schulreform -
                                Bildungspolitik, Berlin 1970

Schäfer/Schaller   Kritische Erziehungswissenschaft und
                                kommunikative Didaktik, Heidelberg 1971

Scheer, H.   Politische Partizipation zwischen Mitgestaltung
                                und Selbstverwaltung, Notizen zum Eman-
                                zipations- und Demokratisierungsbefund, in: M.
                                Greiffenhagen (Hrsg.), Emanzipation,
                                Hamburg 1973

Skinner, B.F.   Science and human behavior, New York 1953

Stein, E.   Das Recht des Kindes auf Selbstenfaltung in der
                                Schule, Darmstadt 1967

Stenzel, Julius   Studien zur Entwicklung der platonischen
                                Dialektik von Sokrates zu Aristoteles, 4.
                                Auflage, Darmstadt 1974

Thorndike, E.L.   Educational psychologie, Vol. II,
                                New York 1940

Thurnher, Rainer   Der 7. Platonbrief. Versuch einer umfassenden
                                philosophischen Interpretation, Meisenheim am
                                Glan 1975

Voegelin, Eric   Anamnesis. Zur Theorie der Geschichte und
                                Politik, München 1966

Weber-Schäfer, Peter   Die private Kleinuniversität - eine Alternative
                                zur reformierten Massenuniversität?, in: H.A.
                                Glaser (Hrsg.), Hochschulreform -und was nun?,
                                Frankfurt/M./Berlin/Wien 1982

Lexikon der Pädagogik, Bd. I, H. Kleinert u.a. (Hrsg.), Bern 1950

Das neue Lexikon der Pädagogik, Bd. I, H. Rombach (Hrsg.), Freiburg 1970